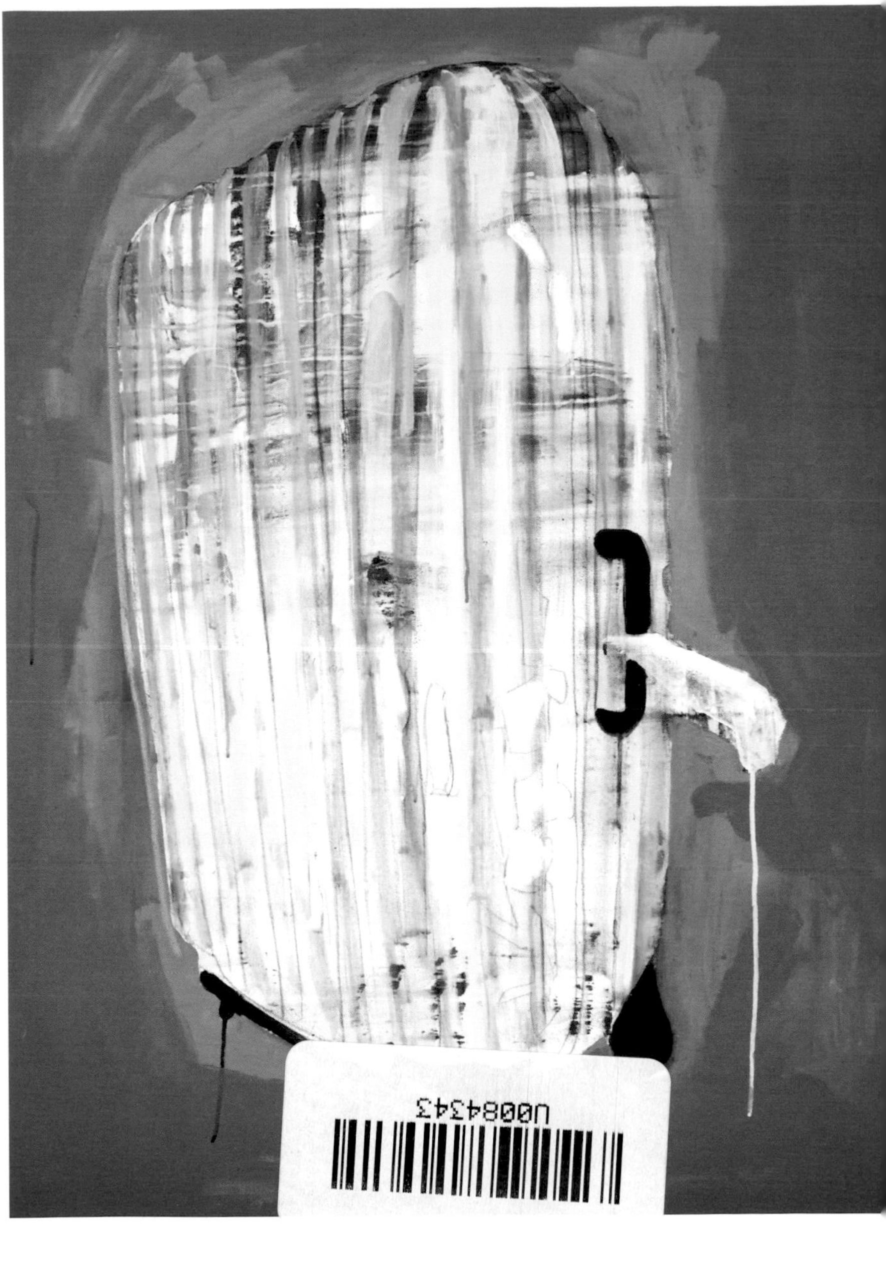

流浪的痕跡 *Trace of Wondering* 複合媒材 Mised Media | 116.5 cm x 91 cm

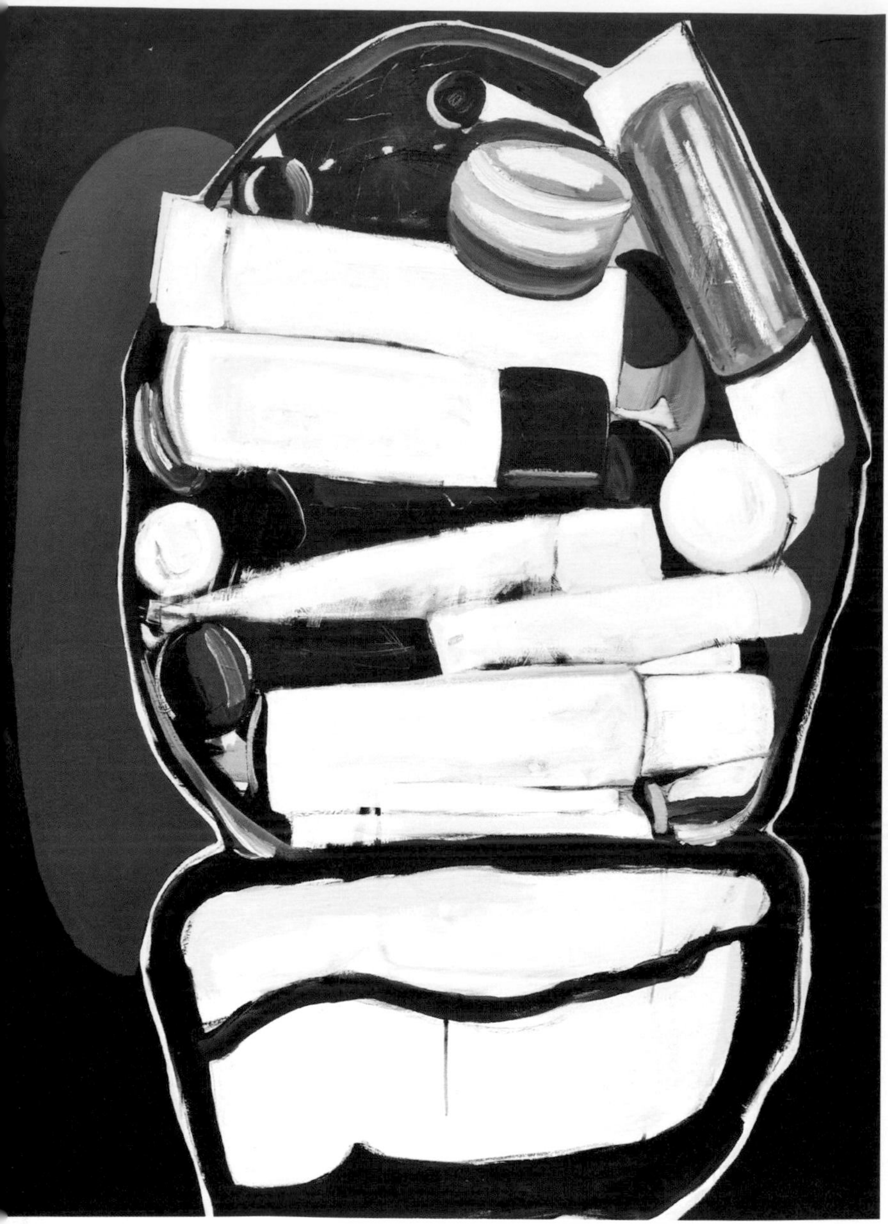

化妝師 *Make-up Artist* 複合媒材 Mised Media | 145 cm x 112 cm

比昨天的自己更好

郭彥甫
KUO YEN FU

「站在外面看世界，
站在裡面看的才是自己。」

目次

前言

當出版社徵詢我出書意願的時候，心頭一陣納悶，心裡想怎麼會找我？我回覆不希望是拍一堆寫真照的形式，畢竟已經不在那個階段了，很開心的是他們說現在來找你，自然已經不把你認定為以前的你了。於是我開始思考要跟大家說什麼，希望對現在的青年人有些鼓勵與提醒，我不是很成功的案例，更不是一位成功人士，但我走在這條路上並且仍在往前走著，如果你願意了解，我們可以關起門來，只有我跟你，我們來說點事，如果你在自己的階段裡正處於害怕與徬徨，我跟你分享我哪來的勇氣當個藝術家。

KUOYENFU

畫途的啟蒙年代

小時候常去外公家裡玩，那是小到將板凳當成桌子的年紀，外公總是騎著老偉士牌機車，載著我和哥哥去北投泡溫泉、到馬場玩沙，也是在馬場的時候，發現自己迷上這結合力與美的龐然大物，骨骼、肌肉、馬蹄鐵敲在地上的清脆聲響……讓心中產生奇妙的感覺，不知道是什麼，但我確定是興奮的。有一天開始想拿筆記錄當下的感覺，不用文字表達，而是自然地以線條方式反射出內心想傳遞的符號，從此，我發現這一生離不開繪畫了，居然可以將喜好厭惡放進白色的天地中，或許某天會有所不凡，因為我找到了能夠和自己對話、對視的媒介。

求學階段裡我的強項是體育，但自己的另一面依然癡迷於繪畫，畫課本、畫考卷、畫餐巾紙、畫桌布……只要是白紙，總想為它裝填上另一個世界。國中時的某天，美術老師給了一張圖畫紙與一張宣紙，要我代表學校參加美術比賽，我沒多想，用兩種畫法畫了同一主題，結果得了獎。學業成績不好的我，突然覺得自己跟其他同學不太一樣了，畢業時也有保送美術班的機會，因為家庭因素而無法如願，只好拎著一雙跑鞋踏入田徑的世界，但是那顆嚮往繪畫且充滿欲望的心，在高中時完全爆發開來，也迷戀起畫中的邏輯與理論……至今。

體育訓練在求學過程中占滿了生活，跑到吐、跑到地上爬……這些過程都深深感受過，但是當時也因而畫了大量運動員作品，迷戀其肌肉與線條，也研究運動員的心理與生理狀態，以及施力、鬆放等體態的呈現。因此，運動員階段對於後來的我，無論是在繪畫與技法上的奠基，或是面對所有困難與抉擇的心理素質強化，皆有相當大的助益。

持續在環境中學習

一路上持續摸索，不曾間斷，看到長輩的茶具上有龍與鳳凰的圖騰，就拿計算紙臨摹細節，接著又畫起電視裡的端午龍舟；也會因為一個新題材，延伸至其他相同原理的對象，例如四隻腳的動物是從馬開始的，再聯想到牛、狗、貓等等，國小我是班上負責壁畫比賽的美術小老師，從小便開始著迷於畫筆與紙之間的合作。

記得童年時的電影看板都是手繪的，搭公車時我會默默觀察每一家電影院的畫風，以及誰畫得最像，當時很好奇那麼大的木板如何能捕捉海報比例？某次偶然發現在汀洲路有幾位畫電影看板的師傅，特別搭公車前往，從旁靜靜看著師傅拿一張海報對折再對折，攤開後成了九宮格，然後在大塊木板也畫上九宮格，一個一個畫進去，用這種方式打稿子，對當時的學習有很大的躍進。課堂上我總是直盯黑板前方，老師一定覺得我是認真的學生，其實我是盯著黑板上方的國父遺像，當作繪畫題材。我也臨摹歷史課本上的歷史人物，像是邱瑾、宋教仁、陸皓東、劉銘傳等人，另外，包括世界各國國旗、各式汽車標誌都相繼成為畫作題材，這時也學到當時常見的POP廣告式繪畫，無形中一點一滴都在為往後的繪畫生涯奠定基礎。

像孩子般繪畫的時光

小時候，姑姑是家族中最鼓勵我畫畫的人，最看重我的繪畫天分。印象很深刻的是，姑姑拿了一本內含世界各大水彩名家的畫冊給我臨摹，還送了一盒櫻花牌水彩，對當時的我來說，就像現在的女孩獲得名牌包一樣珍貴！

由於很常繪畫，工具消耗得很快，沒有多餘零用錢隨時更換新的水彩筆及美術用具，後來甚至克難地用鐵絲、膠帶固定筆桿與刷毛來保護水彩筆，洗筆時也不能完全浸下，只能把筆毛洗一洗、捏乾，防止筆頭掉落。我就用這一支筆畫遍了當時的偶像巨星張學友、劉德華……最高紀錄一天畫十三個小時沒有吃飯！直到稍微長大一點，存了一些錢，才開始買好一點的水彩紙，但還是非常節儉，每一頁都畫得滿滿的才換下一頁，畫完也捨不得撕掉，一直珍惜著所有的資源。

回想起這段記憶備覺珍貴。我不覺得辛苦，對我來說，繪畫是極為療癒和享受的，付出的一切努力都很值得。這也影響到現在的我，時常回想起小時候在家畫畫的感覺，所以創作的時候我也會播放小時候聽的音樂，希望狀態可以一直停在那個時光中，那一段單純而快樂時光。

遺憾的是，姑姑因病很早就離開我們了，離開前她更慎重交代我不能放棄繪畫。我時常想著她，我想自己應該沒有虧負她的叮嚀，希望她在天上看著我，可以感到欣慰。

艱困的環境是重要養分

原生家庭對我的影響很大，父親長年做生意，常常不是很成功，累積不少債務，我們很常搬家，有過一年搬了七次的紀錄，曾南遷嘉義住過兩年，也曾住過客廳有一個大洞的違建……以致內心是自卑的，在學校裡常覺得什麼都比不上其他人，正因此我們兄弟從小挺乖的，也會幫忙家務，長大後就一股腦地想賺錢解決家中經濟問題、減輕負擔。

我自認是一個老靈魂，只是被綁在小孩的身體裡，自幼的想法、思維便很老成，而有迫不及待要趕快長大的念頭，也清楚要靠自己的雙手才能有好的未來。我的第一份打工是在超市，後來也當過餐廳服務生、牛肉麵店店員、便利商店店員、藥物實驗對象、臨時演員……那幾年裡，賺錢的機會都不放過，但也沒有停止對繪畫的摸索，雖然仍未想過成為藝術家，這些生活經驗卻都是日後珍貴的寶藏。

打了很多工，主要也想盡快融入社會與體會職場生態，大學暑假的時候，體育系同學有很多打工機會，而我另一項武器是繪畫，用手繪POP海報在大街小巷發放給家長，這是一段有趣的經驗，也迎來很多工作機會，從那時起，我就極有敏銳度地去增加自身價值，以及不被取代的企圖心。

KUOYENFU

我的家，我的她

從二〇一四年到今天，在藝術這條路上，給我很大力量的，是我的太太，而我們也在二〇一四年決定共度一生。

因為成長環境的影響，讓我在感情上顯得缺乏自信，連自己都照顧不好了，哪有資格戀愛？也沒有認真戀愛，覺得配不上任何人，不值得被愛，在這之前我還擁抱不婚主義，沒想過要結婚。然而，在一次朋友餐會上遇見她，因為她的笑容而被觸動了，好像回到最純真般的模樣，好熟悉也好陌生（我就是那麼奇怪）。那時候家裡經濟狀況比較穩定了，心裡出現了想保護她的感覺，保護她好像也等於保護自己。當然她對我很好、很體貼

（這時才知道什麼是體貼），當時還在主持外景節目，許多日常小事的照顧，讓我非常感動，因而有了家的感覺！她也讓我感覺到被需要，更讓我的心安定下來、不再漂浮。於是兩年後，便向她求婚，我有很強烈的直覺，錯過她，再也碰不到第二個人。

一路以來，我始終不曾放棄的就是——相信自己。時間停停走走，世界不斷在變化，但是我從未停下畫筆與思索，情願付出時間、熱情與決心，為了走入那幅色彩鮮豔、意象豐盛的夢的畫作，這未必是一條成功之路，但是我的心卻已經比許多人更為富有。

KUO YEN FU

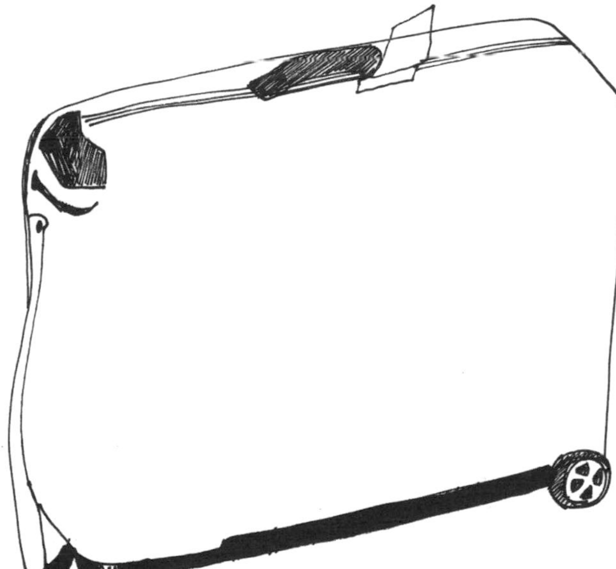

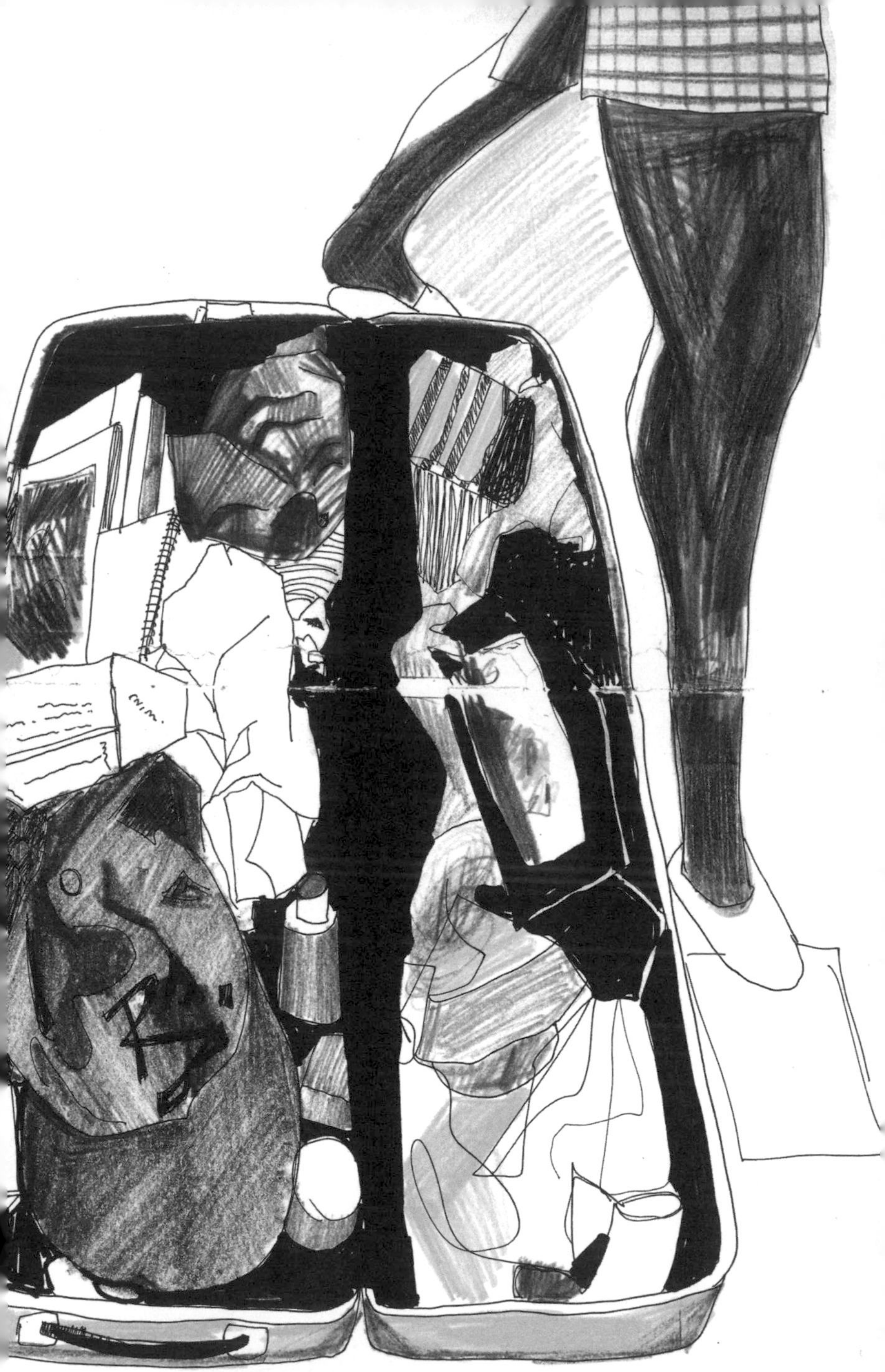

畫中視野

藝術創作對我來說，是**一場面對自己並誠實以待的盛宴**，而**這場盛宴就是一段生命**。宴會裡不時端上些不合適自己的菜，同桌也會出現和自己不對盤的人；我們每個人帶著好奇心匆匆赴宴，最終如何從容退場？這是一門哭著笑或笑著哭的大學問。

在我的作品中永遠探討一個議題——人與人之間的關係。藝術大師畢卡索（Pablo Ruiz Picasso）當年幫一位女士格特魯德斯坦（Gertrude Stein）畫肖像，其女是他的大收藏家，畫完之後女士說：「我覺得你畫得不太像我。」畢卡索說了一句名言：「放心！您會越來越像這幅畫的。」藝術家同時也是哲學家。我們習慣用自己的角度看自己，不曾用對方的角度看看自己，別人眼中的自己是你不承認的，但會不會那才是你的真正面貌？很值得思考。

我們與周遭你、我、他之間的關係，牽引著人的思緒，其中思緒有正負兩面，負面將導致現代人的心走向貧乏、潰堤……如何化負面為正向？觀看自己是非常重要的課題，不是批判自我，而是永遠站在別人角度思考，將會得到更多原諒；世界越複雜，必須化繁為簡方能使其自在，試著多花點時間看看自己，將會有非凡的收穫。世界如此美好。

KUOYENFU

是明星也可以是藝術家——

「看清楚、看仔細、別界定。」

逐漸往藝術發展後，開始聽到各式各樣的建議，有人對我說：「藝術家就好好創作，你應該趕緊退出演藝圈，什麼都不要管了。」也有人說：「你幹嘛放下正在起飛的演藝工作？一年可以賺那麼多錢！」當然更有第三種聲音是：「你真的能畫嗎？」當一般人面臨重大轉變時，若反覆聽到上述幾種聲音一定非常焦慮或憤怒，我也曾受到影響，但我試著思考為何會被影響，而在當中找到答案，然後更確定地專注在這條路上，因為沒有人是你，沒有人真正能體會你內心真實的感受。

我曾修習過藝術史課程，有一次老師問大家：「什麼是藝術家？」一起上課的同學中，不乏很有分量的藝術家們，從蜂擁而至到稀稀落落最後不知何謂，大家都是藝術家卻答不上藝術家是什麼？安靜了幾秒，老師說：「藝術家等於是天才。」全場靜默，課堂上有種恍然大悟的氣氛。我們很少主動介紹自己是一位藝術家，通常等人家說出口：「你是藝術家嗎？」然後我會點點頭，這是一個很微妙的狀態，自稱天才彷彿間接跟對方說我比你聰明似的。所以，你覺得藝術家是什麼呢？恕我愚鈍，真的沒有答案。

KUOYEN FU

以此觀點，說說我是一個怎麼樣的藝術家或是藝人好了。從前到現在，我不曾預想會成為藝術家，也不覺得這是稱職的職業，小時候若去上才藝課，不代表父母會讓你選填相關志願。只能說我從小畫畫到現在，甚至可以說會到生命的最後一天。戴上藝術家這頂高帽之前，從事的是演藝工作，我無法瞬間讓大家輕易忘了我，但我成為了全職藝術家，因此，最好的答案是——我是郭彥甫，而郭彥甫是一位藝術家。

我喜歡閱讀藝術家傳記，從他們的生平可以想像很多當時環境下的事，作為借鏡。大名鼎鼎的高更（Paul Gauguin），本身是一位成功的證券經紀人，我們都是在事業穩定的三十五歲這年，全心栽進藝術的懷抱。所以，真的有這樣的人，我相信世界上各角落都有這樣的人，這些人在追求的是一個真的我，生命的價值。

從高更後來的發展，我也看到另一個面向——藝術家仍然需要金錢的支持。當他慢慢轉向全職創作，藝術市場也受到景氣影響，畫作銷售不易，困窘的經濟影響高更的一生，直到臨終。這段故事提醒了我，當你愛上一件事情，更要付出代價來維持，才能順利延續藝術生命。何況藝術還是要讓市場決定，不是你說自己是藝術家，就能放下一切，什麼都不管。

也就是說，藝術的先入為主的觀念必須釐清，落入任何一種迷思都相當危險，例如並非藝術家就必須過得清貧，清苦與藝術家並無直接關係。我還是具備該有的身分，我並非要當個藝術家或是明星，我要當的是郭彥

KUOYENFU

甫！而事實上，他是一名藝術家。

風格，其來有自！

談到身分，我們可以從另一個切入點來分析。若不是藝術家，怎麼樣都不會是；相反之，儘管做的不是藝術家的工作也會是藝術家。而風格怎麼來？我感覺是老老實實就會自然地產生，風格無法從表面開始創造，必須取決於創作者的本質，有什麼樣的性格，就會成為什麼樣的創作者。

過程中一定會受其他優秀藝術家影響，但必須懂得兩者之間的分別。

我很鍾愛的藝術家像是印象派時期當中的塞尚（Paul Cézanne）、梵谷

（Vincent Willem van Gogh）、羅特列克（Henri de Toulouse-Lautrec），或表現主義大師席勒（Egon Schiele）等等，但創作時就會分辨、了解自己的內在思路，不然就會變成另一個複製者。

很多人會問：你是什麼風格？坦白說我比較愚笨，也不知道應該被界定為什麼風格？大多人想定義出風格，答案都在眼前，只要「好好生活」就會有自己的風格了。再者，藝術家的創作風格取決於他的本質，具備何種性格，就會成為何種藝術家。如果天性浪漫，就是浪漫的藝術家；若是學者，就會成為學者型藝術家，相較於其他的身分或工作，藝術家更能一五一十傳達自己的實質生命，無論真心或是做表面，時間都會說明一切。

藝術家在創造一種一般人看不見的東西，但是他知道他是存在的，他用盡一生在解釋跟表達接收世界訊息的感動，我覺得這是一種永恆，永恆在永遠裡面。誠實、赤裸地面對與接納，便能創造出屬於自己的風格。

探索心中最深層的渴望

在迷失徬徨的幾年前，上過一次心靈課程，那時候我的心裡非常空，印象特別深刻。當時心理師將燈全關了，四、五十個人一起坐在地板上，現場非常安靜。心理師請大家閉上眼睛，想像自己身處一座黑暗的森林中，一直走、一直走，然後慢慢跑了起來，好像有個方向一樣，後來會看到一間房子，有扇門打開了，走進去之後，看到一面牆，繞過牆之後，你會看到誰？當大家說出答案，彼此都驚訝了，全是來自家庭，父母、家人等等。這時我也哭了！落淚是因為看到心中最深層、最深沉的需要，以及自己的脆弱。原來我離「自己」那麼遙遠，似乎我們從出生後就一步一步遠離自己一般，我沒有再看自己，都在別人的目光中扮演自己。

我們所追求的安全感是什麼模樣？試想，我們睡覺時曲著身體或是抱著小枕頭，原因來自於還在母體時的狀態，那時候被羊水包圍著，充滿高度安全感，而睡覺時呈現此種姿態，這是淺意識裡一股對安全感的渴望。我開始思考，人們追求真正的安全感是名聲嗎？財富嗎？答案應該是否定的，我們所追求的答案，永遠是內在的探索與解析。

KUOYEN FU

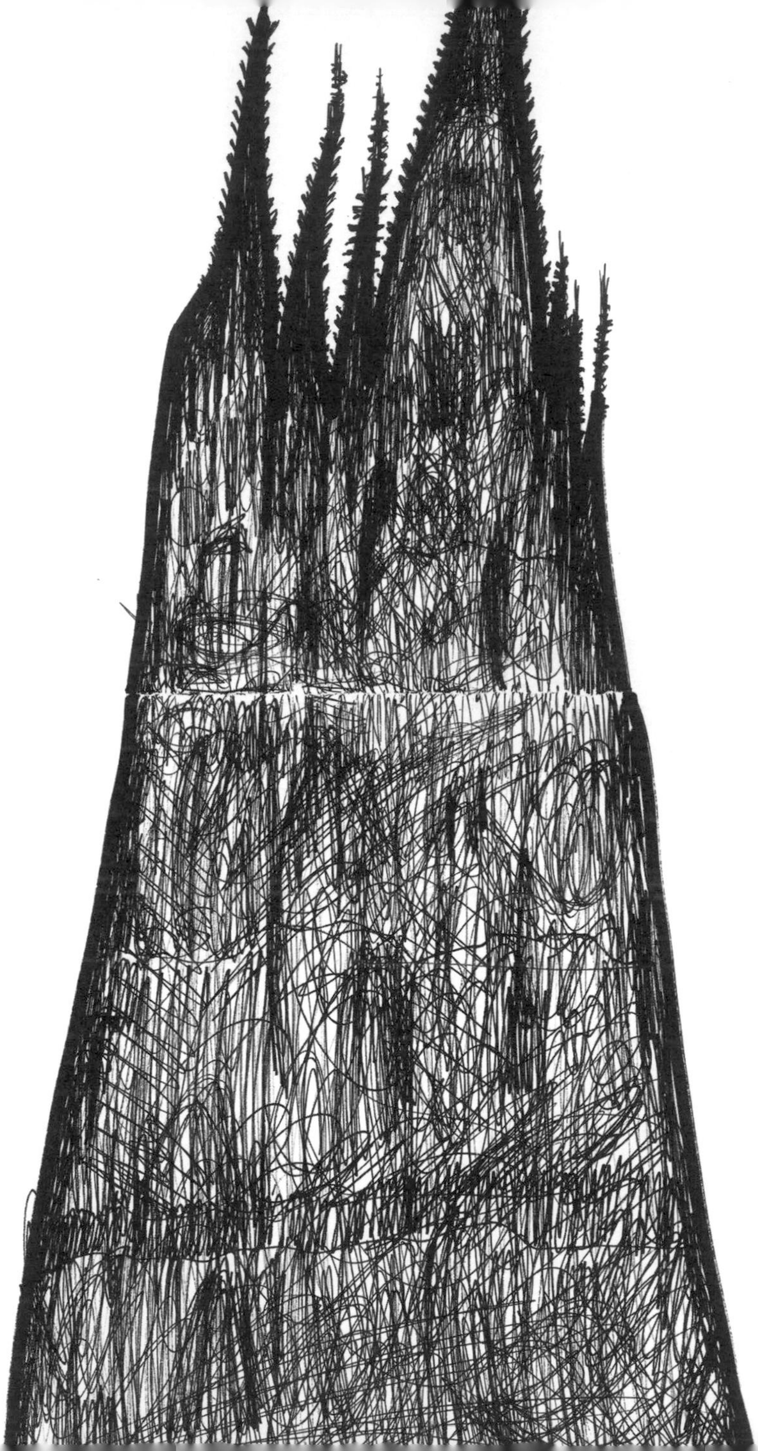

人生RESET！重新決定未來——

「出社會才知道學校的社會課，可能是沒出社會的人寫的。」

我的性格早熟，國中以來就特別老成，從沒經歷過天真無邪的階段。有個說法是，早熟的人是因為前世已經重複輪迴過很多次，才把很多事情看得很清晰。

剛踏入演藝圈時，最想當的其實是歌手。雖然和哥哥彥均在二〇〇五年以團體出道的身分是歌手，但因為外型較為亮眼，自然被歸類為偶像，而非心中期待的實力派唱將，離自己設定的理想有一段不小的距離。而且新進歌手不是想唱什麼就唱什麼，唱片公司希望讓少男少女覺得我們就像鄰家大哥哥一樣親近，偶像不適合太過於幹練與太多想法的模樣，最好能像一張白紙般地表演。所以我心中是佩服偶像藝人比實力派藝人多得多，做自己不難，不做自己才難，詮釋偶像的個性與歌曲很不容易。

當然，心裡還是有所盼望，誤以為這樣的狀態只是開始，屈就一、兩張專輯，一定有機會作喜歡的音樂、唱到自己擅長的歌。沒想到大環境的變化比我想得還快，發表完最初兩張專輯，唱片市場下滑得很嚴重，公司必須減少歌唱工作的比重，以回收在我們身上的投資成本。特別是公司覺得我們外型不錯，一定還有其他武器，這些因素都是漸漸將我們推離歌唱事業的力量，但是我不遺憾，這是過程，每一個細節與決定都暗中造就了現在的我。

不是只有夢想

演藝圈有個普遍現象：外型好的男孩女孩入行容易，但是長得好卻不見得是件好事，有時候反而變成了阻力。就像到了大公司應徵自己擅長的行政職位，因為體格好，被分派到警衛工作，因為想留在公司發展，先接受了職務，卻越做越好，直到距離你的夢想越來越遙遠，再也回不了頭。

這就是我後來的感觸。

二〇〇七年迫使我們從歌手轉型為通告藝人，有一個主因是新人都會碰到的問題——等待。當時我們在大陸宣傳新專輯，足足兩個月沒回臺灣，一個行李箱只裝了四套宣傳服（這也是我後來以行李箱為作品主題的關鍵之一），穿了又穿，又黃又皺，之所以宣傳時間拉得這麼長，不只為了要連跑大陸好幾座城市，更因為在城市與城市之間，無法說走就走。例如在瀋陽表演完，若下一站要到大連，得等對方撥款，才有辦法買機票過去。這也是新人在籍籍無名時不得已的克難方式。初生之犢不畏虎，那時並不覺得累，也不害怕，傻傻認為一切都理所當然，跟著公司安排，上遍大大小小的節目。殊不知真正難熬的是巡演結束之後，要等到發行下一張專輯，可能還得一兩年。一切的未知數讓我非常不踏實，我喜歡預先計畫下一步，而我思考到就算未來順利發片了，若還是唱同樣的歌，實在沒有意思。

印象很深刻的是，那年我們在一個很偏遠的機場準備回臺灣時，內心突然不想再等了，心想既然已成為藝人，我沒有等待的本錢，當時就想趕快紅起來！別拖了！唯有如此，才能實現心中想要的生活。於是跟公司要求安排我們上綜藝節目，這也是成為通告藝人的開端。

為了轉型，許多通告藝人要具備的才藝都硬學而來，從彈吉他、跳舞到模仿、搞笑，什麼都要會一點。幸運的是，我們靠著外型優勢又是雙胞胎，兼具歌手身分又懂說笑，才上通告第二年就有越來越多節目找我們主持，套一句現在的話，我們的「ＣＰ值」太高了！各製作單位都很歡迎我們加入，很快再上了一階，從通告藝人轉型為綜藝節目主持人。這個階段裡，我幾乎放棄了唱歌的念頭，即使二〇一〇到二〇一一那兩年仍試圖想唱，學習寫歌、作詞作曲，找編曲人編曲……再多努力都是徒勞，實際層面來說，這已經是一條看不見未來的路……我也沒想過為何會這樣。

若問我走到這一步，距離初衷越來越遠，心裡有什麼感受？可能是命吧，我的心境沒有太大變化，後來就把它當作一份工作，無論做通告藝人或是主持人，都要讓公司賺錢，不能只為了自己的夢想而活。

KUOYEN FU

重新決定自己的未來！

真正從藝人跨越到藝術家的轉變，發生在二〇一四年。當時已經小有名氣，大街上到處是我們的照片，最鼎盛的時期手上同時有四個節目，也算是紅了。當藝人這些年我的理財做得還行、並沒有亂花錢，也買了房子，照理說是最快樂的時候。但是連自己都沒想到，我的心境起了很大的轉變。那幾年臺灣很多產業開始面對大環境衝擊，我的本行當然也如此，設想到演藝工作的未來，也思考到我存在的理由是什麼？

再者，經過七年拚搏，我很累，心裡感到非常空虛。我擁有了些經濟基礎，卻沒有辦法獲得心靈上的滿足，那段時間我常問自己，三十幾歲了，還要繼續這樣下去嗎？不久後的將來，當本行蕭條了，那時候我在哪？難道要趕在這兩年內賺到一筆大財富嗎？我陷入長考：究竟要當一個什麼樣的人？我又是誰？如何度過未來的日子？我慢慢感覺到，我開始追求生命的價值，不只是錢，我想要重新決定自己的未來！

我對轉換跑道滿有經驗的，若回到老家看我二十七歲以前的書桌，只會找到三樣東西，一是畫冊、另一是畫筆，最後則是從小到大的畫作。愛畫畫的我，無法選讀美術或設計，這些科系太花錢了，家中經濟負擔不起這樣的夢想，便去念了體育；但愛畫畫、能畫畫的血液仍在體內奔流著，沒有往這個方向走，繪畫仍是生命中重要的一部分。

KUOYENFU

從小到大沒停過畫筆，唯有畫畫才能讓我紓壓、放空、創造，**在繪畫的世界裡我才是老大**，即便在演藝圈的十幾年也從沒變過。我在節目錄影的空檔經常在後臺幫藝人朋友速寫，我不用臨摹的方式，而是靠觀察來描繪出對方神韻，因此越來越多人發現我有的繪畫天分，但是也從沒想過將來會成為藝術家。

我必須再次提到關鍵的心靈課程，在朋友介紹之下，讓當時徬徨不安的自己，獲得重要的啟發。說來有趣，這輩子從沒想過像我這麼鐵齒的人會去看心理醫生！接受心靈課程！但我是認真要翻轉命運，甚至跟劇組請假，只為了上一堂連續八天、每天從早上八點到下午五點的團體課。在課程中，心理師挖掘每個人的內心，幫助大家發現我們每天面對的，可能都不是真實的自我；我們所追求的，也並非最想要的，而是在追求別人覺得對的、這個世界認同的。當時的探索深深影響了我之後的創作。

後來在某堂一對一的課程中，心理師問我：「你要什麼？」我回答：「我要賺錢。」；心理師又問第二次：「你要什麼？」這次我回答：「我要賺很多錢。」；心理師問第三次：「你要什麼？」我答：「我要買房子。」沒想到他不放棄，再問了一次：「你要什麼？」在整整逼問了我半小時之後，這次我終於慢慢吐出——我想出書、我要當畫家！然後我哭了！

對我來說，這過程幫助我看到問題背後的問題，頓時發現自己有多壓

KUOYENFU

抑！從那時開始，「我想成為藝術家」的念頭正式萌芽。我思考，既然已經是藝人，何不把明明很在行的繪畫一起拿出來跟大家分享？何不趕緊讓大家知道？接著我便開始一件一件去落實、一件一件著手去完成。

彷如《牧羊少年奇幻之旅》一書所說，當我們內心真正渴望某件事物的時候，整個宇宙都會前來幫助你！很巧合的，那時佼哥（黃子佼）找我參加藝人公益畫作聯展，受到不少矚目，讓我越來越有自信，也有越來越多藝廊給我鼓勵，期待我好好經營這條路！

從這時起，我開始思考繪畫的主體性為何，也越來越少參與演藝活動。藝術在我體內的動能，促使我進一步思考自己想畫什麼、為何而畫、該如何呈現？所有關乎藝術的事，成為生命的主旋律！如此大的轉變，不過發生在四、五年之間，事在人為，但求無愧。當生命的時間軸攤平來看，或許只是七、八十年中的一小區段，卻可能是自己內在最衝擊、最飽滿、最渴望靠近世界的一個關鍵時刻。

KUOYENFU

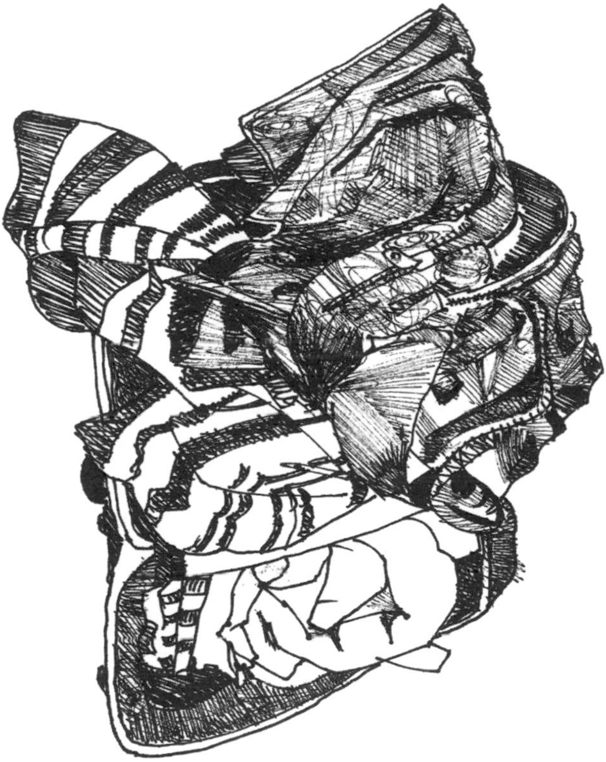

KUOYENFU

峰迴路轉的自學派

「想法不會一開始就成形，它是片段式的，要去做了之後才會漸漸成形。」

畢卡索曾說：「我花了四年學習像拉斐爾（Raphael）那樣作畫，卻花費了終身的時間，才畫得像個孩子。」藝術家追求的是生命的起點與終點的過程，他會這麼說是因為人長大之後的包袱越來越多，越來越不能單純地作畫。換個角度說，這也是藝術家可貴之處，在創作過程中尋找自己，完成一些未能圓滿的遺憾。

小時候的我便展現繪畫天分，除了是班上的美術小老師、學藝股長，也常常代表學校比賽、得獎，然而，藝術培養的過程需要金錢支援，家境不允許我就讀美術班，才慢慢往另一方向前進。

大學時，我保送體育系並順利念完，由於無法將跑步當作職業，加上負擔家計，各種打工奔波，一切只能靠自己，可想而知在現實殘酷的情況下，不可能去想繪畫這件事，只能先把自己和家庭顧好，用正向、樂觀的心情，等待任何機會。

藝術的80／20法則

很多人好奇，為何你不開課教大家繪畫？這跟過往經歷有很大的關係。我不會是一個好的老師，我也教不會你如何畫一個石膏像與蘋果。比較可行的方式是透過幾堂課的時間，我讓聽課的人愛上繪畫，自然就會去學習了，無論網路、書籍，現在有很多學習的方法，真的愛上了，創作將成為一生的寶藏。

我在藝術中也觀察到80／20法則：繪畫的人當中，80％的人成為畫家；只有小於20％的人最後能成為藝術家。是80或是20完全在踏出那一步時，就已經決定了，無論如何，真心喜愛而投入都會有好的結果。

有些藝術家花80％的時間思考與觀察、20％的時間做出作品；不少人問我一天花多少時間創作時，我都直接回答：我沒有在畫的時候，都是為了下筆那一刻做準備，思索才占時間的最大比例，創作不只限於在做，而是做什麼與為何做，這類的問題不停地在轉換順序。

繪畫是我的呼吸，不要用壓力綁架它

過去我會在出外景時，拿著速寫簿到處畫些什麼，那更像是在記錄，工作之餘我不覺得累，反而是一種完全的放鬆，心情像是呼吸到新鮮空氣般的清新。

KUOYENFU

我在家中是很特別的存在。除了姑姑之外，家人都覺得我怪怪的（坦白說我也這麼覺得，尤其是跟同學相處之間），爸爸甚至說過：「如果你再畫畫，就把你的手綁起來！」我拿起報紙就會自然地尋找文藝版面或是廣告，我也不知在找什麼，有時候會覺得，一個人對什麼有興趣，好像是與生俱來的。

作品的出現，對我來說，有時候是在眼睛一開一闔之間，美景需要好的心境，自然會呈現出像作品般的愉悅。我像個海綿一樣，大量吸收與思考。不論正在畫畫的主題內容是什麼，這時候我是安靜、放鬆的，就像在休息，偶爾會讓人覺得冷漠，只因為我在畫裡。

學習有時很像一把雙面刃，不適合自己的學習方法會把一個人框架住，進而失去探索的原動力。我的學習總是從自己做實驗開始，遇到需要解答時，我會去翻閱書籍或是在網路上尋求答案。例如海浪很難畫，我會先畫個三、四遍，再不行就開始尋求解答。快速的方法，少了自我探索的過程，過程才是學習最關鍵的時刻，有人會覺得很鐵齒、自以為是，但這的確會找到屬於自己獨特的方法（風格就是這樣來的）。

我曾經在咖啡店看到一整間的展示畫作，乍看下有很多精緻作品，反覆看過之後，我會被其中幾幅樸拙的作品給吸引，有時候本能的直覺最單純、純粹，相對之下其他反而像是計算出來的作品。所以，何不給自己多點可能性？這是我學習觀看的訓練之一。

白色怎麼畫？畫黑色就會出現白色了，黑色也是如此。這是我理解創作的方式，在繪畫裡，我有一套自己的邏輯，誰都很難侵入或佔領，我就是用這樣的邏輯思考去辨別很多事。

自學派學生也有功課要做

繪畫就是一件跟光打交道的事。

繪畫與光有極大的關係，從印象派開始，畫家們走出戶外寫生當時被權威評論為不入流，也不是在之前沒有藝術家畫出光線，而是印象派老大哥們更在意當下的光與影而不是經過設計而來的光線，也就在那時繪畫與現場的光線便產生密不可分的關係。有一天我發現到這個關鍵，並非因為看了什麼書而是在我的實驗中意外的發現，這時候我的畫開始明亮了起來，也開始不把畫面畫得很滿卻也能夠表現出質地與質感。這就是自己的發現，很開心。

除了觀察之外，創作也與思想習習相關。因為好奇心一天一天增長，越來越多的思考題目在腦子裡打轉，偶然間看到愛因斯坦（Albert Einstein）的學習過程與他解釋世界的理論，於是哲學性思考出現在我胡思亂想的腦子裡，常常波濤洶湧四處亂竄，我也透過這樣亂想的過程去思考自己與世界的關係，為何我是我？我從何而來？越想越寬闊，創作也越無邊無際了。我要強調自己不是專家，更無法說明相對論的道理，但是我願意、也能夠了解相對論的意思。一切都是好奇心使然，因為思考才想去學，創作自己的「甫氏繪」！

我的學習很自我，有時候也很封閉。不建議仿效我的方式！我真的不太一樣，除了坐在畫布前，**生活中所有時間都是為了下筆的那一刻在做準備**。我的準備包含思索每個創作階段中每一個系列的差異、精神、概念是什麼？什麼能動搖、什麼得保留……這一類問題都是我每一天的拉扯與平衡，作品不會重複過去！當下都是最好的，而過去就過去了，我不會留戀，因為我們都跟著時間一直往前走著。

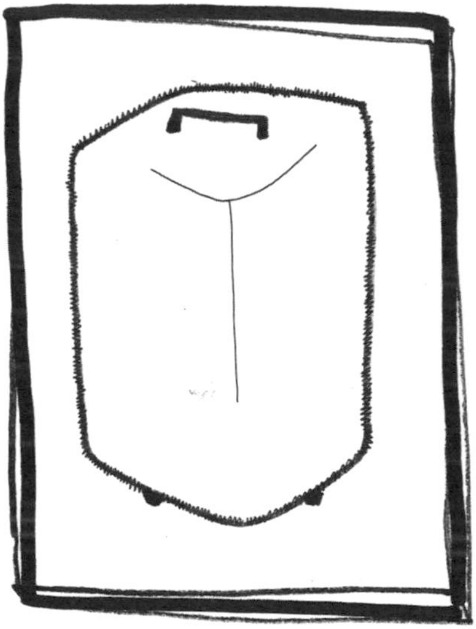

KUOYENFU

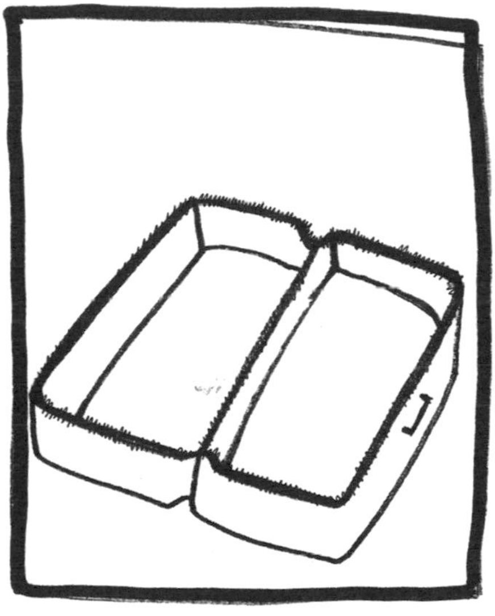

KUOYENFU

出現髮夾彎，徘徊在現實與理想之間——

「我想好好感謝演藝生涯，它讓我提早看透自己。」

回溯當年毅然決然踏入綜藝圈，從一個不怎麼會講話的人，慢慢變得懂應對、也會哈啦，跟在綜藝大哥身邊搞笑，直到大家開始在現場左一句彥甫哥、右一句彥甫哥……看起來我好像很有明星天分，關起門來後又是另外一回事。真實世界是，人為了五斗米，什麼都做得到！當攝影機對著你時就像機關槍，它要你幹嘛你就得幹嘛！聽起來好像很不得已？但通常人在沒得選擇時，才能知道自己的能耐；相反的，若讓你猶豫、考慮再三，機會便容易被蹉跎掉。這就是現實與理想的差距。

我發現上帝很愛挑戰人的舒適圈。在外界覺得我慢慢擁有自己的演藝圈定位後，我竟開始對這個眾人艷羨的生活形態感到厭倦。當時的我對於錄影工作內容產生極大的抗拒，越來越無法說服自己，也越來越不喜歡不真實的樣子，即使有固定收入，但我知道這不是自己要的。成長有時真的令人很討厭，我可能真的是白癡吧。

在面臨演藝事業瓶頸的時候，不少人試著幫我想突破的方法。我開始跟製作單位商量，想轉往藝術方面發展，因為我們兄弟當時大部分的工作

KUOYENFU

是一起的，他們很震驚，何況才剛奠定出一點聲量，這麼做真的很笨！所有人都認為我瘋了，因為我不是去開店，而是去做個藝術家，沒有人覺得我會順利，而且一定會一落千丈，光看周邊就沒有類似案例。

當時手上還有兩個節目，我便往上呈報跟電視臺高層討論，我說自己真的沒有心了，對觀眾很不公平、對我本身也不好、對節目更不好，經過來來回回的討論，決定兩個月後讓我漸漸離開主持的節目，記得最後一次錄影是在士林夜市，轉頭後我也不曉得會怎麼樣？明天要幹嘛？這次走了之後，再也沒有回去了，當中也有節目找我再試試，也都回絕了。想想放棄這些機會可惜嗎？端看從哪個角度思考，因為在一時的名氣與一輩子的熱情之間，也正是現實與理想的差距，三十五歲，這次，我選擇理想。

人生碰上這麼大的轉折，我感覺到上天在帶領自己找回初衷。人們小時候與長大後喜愛的事物可能不一樣，年輕時覺得玫瑰花最美，長大後經過各式各樣的環境，轉移了注意力與想法，讓你一度忘記玫瑰花的美。這時就要誠實面對自己，到底是一時被蒙蔽，轉變了想法，或是真的改變了。一定要去尋找問題的源頭，唯有真正的原因能引導你發現真正的答案。你要去找真正的答案。

藝術怎麼讓你活下去

這是最多最多人的疑問，時常看到有人會用很小心且客氣、很怕傷害到我的語氣詢問……那你的一切還好嗎？一開始真的不太好，我是摩羯座，這性格在這時候很適當地派上用場，我當然有所準備，有存款與不動產讓我能夠去計算，如果整整兩年沒有收入能夠活多久，我真的很幸運一開始就認識了很多線上的傑出藝術家，像是羅展鵬、李承道、尤瑋毅、王建揚等等，在一開始那幾年他們對我的指導很關鍵，也帶我認識很多藝術圈的朋友，開始有了很多機會可以展出作品而被看見，也有了自己的收藏群，陸續有了收入，四年來遇到很多貴人，讓我現在的生活趨於穩定，家人也很放心把我交給藝術，我會努力不讓我最愛的事背叛我。

我在外面總是一副很多事情都能夠迎刃而解的自信，不過在那一兩年中，心裡的掙扎像一個大悶鍋到達了沸點，隨時要爆開一樣，放棄高薪做這樣的決定，絕對需要勇氣與信心，老婆很支持我，但是心裡缺少一張黑桃A，於是我去上心靈課程，也去算命求神……可以大聲說出我要當藝術家的幸福感是前所未有的。

正面的思維與樂觀的態度很重要

我很愛看歷史傳記與人物傳記，很多成功的人不見得是追求世俗對成功的定義。讓我很深刻的是華特迪士尼（Walt Disney）的故事，他出生在芝加哥一個不富裕的家庭，父母在農場工作，雖不富裕，但是農場的時光是他最開心的時刻，看著農場裡到處鑽洞的鼠輩，觀察他們的一舉一動進而創造出米奇這全世界紅最久且永不凋零的角色，而這只是故事中的一環，他的樂觀讓自己在生活中產生很多靈感來源，給我的啟發是樂觀能夠

KUOYENFU

給予人有作夢的勇氣，並且實踐它。

我們那時候的出道藝人，第一份合約簽長年約的大有人在，後來與朋友分享，他們往往不敢置信直呼我是笨蛋，但試想如果沒有當時經紀人給予天上掉下來的機會，哪來的 2moro ?而且我在他身上學習到很多日後受用無窮的溝通與判斷的能力，這是非常值得的，很感謝他，雖然有時候很機車，不過都是一段珍貴的成長與學習。有時候我就是正面到有點生病，這應該就是我的人格特質吧。

我的性格和哥哥完全不同，從小就不是大家都喜歡的人，當時班上只有一個同學跟我最好，因為學校就在戲院對面，有次翻牆出去看《鐵達尼號》，老師把他叫過去說：「別跟郭彥甫走太近，他是體育生沒什麼出息。」但，我現在並不差啊！而且跟著我翻牆的好同學現在也是一位律師呢！回想起來，有時候對學校教育挺失望的，怎麼這樣對孩子說話？事實上，體育造就了我非常正面與健康的人格。小時候由於家庭因素，讓我一直活在負面情緒裡，多虧體育培養了我不服輸的精神！讓我知道一場比賽必須跑完，唯有跑完才會有成績，沒跑完連成績都無法登錄，加上教練的嚴格訓練，這些歷程都讓我每天都在向自己的極限挑戰，也對我往後的人生起了極大作用。

別太把自己當作一回事，別自以為聰明！什麼都要有就是聰明不要有，謙卑才能獲得真正的智慧。若一杯水滿了就會容不了任何一滴養分，

KUOYENFU

永遠保持「**還差一點點**，**再差一點點**」**的心態**，這樣你會感覺有希望、有繼續的動力。但是我也想跟容易膽怯的人分享，發揮自己的想像力，先別畫地自限，這個不行、那個不行，再為自己多做一點。別把付出當犧牲，沒有失去生命都不算是犧牲，**我們容易把自己無限放大**，**反而成為自己的絆腳石**。

現在的我不僅不自卑，更**過著很有盼望的生活**，因為我找到自己的天職、發現了生命的真諦，懂得如何規劃人生，感覺十分幸福！我想對那些不看好我的人說，別輕易看不起身邊任何人，別人的努力與付出不是你能想像的，就像萊特兄弟在成功發明飛機之前，大家一定覺得他們是笨蛋，他們一定知道有可能會失敗，但也因為這樣必定做足了萬全準備，最後證明他們的發明，讓兩個地點的距離大大縮短了，證明那些說嘴的人遠遠不及他們；愛迪生扛住無數失敗，他說等他發明電燈、點亮世界那一天起，蠟燭終將成為有錢人的收藏品，果然一語成讖，向所有不看好他的人證明了自我。

成功的人少，是因為堅持的人少，若能把努力當成一種日常，便不會覺得是在特別努力了。一切都在生活之中，隨時隨地處在努力的狀態，水到就能渠成。

KUOYEN FU

真誠做自己，同理對待人

「人常常做許多不必要的事，因為沒有人生來就懂得如何當個人。」

最近我常常會思考一個問題，形容一個人很「真」是什麼意思？是讚美？還是在提醒著什麼訊息？還是有其他意思？所以大部分的人都很假嗎？

網路上有一位不很熟的朋友，提到自己看了我的演講影片很感動，而且是哭著看完的。他說這幾年因為工作與生活的種種挫折而罹患憂鬱症，很直覺地想致電跟我說幾句話。他用顫抖的聲音說起小時候也很愛畫畫，問我接下來該怎麼辦？我感覺到他的用字遣詞極負面，我聽他說話，一邊給他些樂觀的想法，盡力陪伴。我想說的是，過於善良的人常常會讓自己感覺很受傷，**你越善良就得越堅強**，**才能好好保護你那顆善良的心**，不要報復人，試著同情傷害過你的人。我們這樣一個社會上小小的人物能夠因為自己的案例去鼓勵、幫助到一個走向負面絕望的人，也算是一種幸福。

我沒有戒備的去接受這樣的訊息，有人會認為何必做這樣的事，但我覺得如果可以多拉一個人走向光明，這不是一件很好的事嗎？為何要有那麼多的算計？與人相處，我的真我、表我比例是七十比三十，百分之七十是誠實無偽的；百分之三十則屬於私領域，這是自我的保護。大抵說來，和我說話時聽到的都是真的，這或許是我常在不加修飾的情況下，常常語出驚人的原因。

別讓「表我」成為人生主軸

有許多人習慣將表我與真我分得很開，表面上說一套、實際上做一套；好聽就是社會化，難聽就是城府深，美化與包裝是禮貌，但過了就顯得虛假。因為你在說的是對方要聽的，而不是自己想講的。這一套在演藝階段裡，我學習、觀察到很多。

真實真誠表達不見得傷人。**「用心說誠實話」反而是最容易解決問題的方法**。試想，當你花了很多時間與力氣包裝、甚至扭曲想法後，再去溝通，等到對方發現真相後，你的表象依然會被戳破，這樣不是更浪費時間嗎？難道不能單純拿出真心話來彼此交流，合則繼續進行、不能合就尋找其他方法，這樣不是簡單多了嗎？

我出版過一本繪本《GOLDEN 對我說：》，我在我的愛犬 GOLDEN 身上看到許多我們身而為人的心有餘而力不足之處，狗狗沒有那麼多複雜的想法跟計算卻活得很好、而且很開心，牠心心念念的永遠是愛主人跟吃東西，沒有人類庸庸碌碌的忙活，我在狗狗身上觀察到我們不如牠的地方，與其說我養牠，不如說是牠餵飽我心靈上某種空缺，很多時候，人確實不如小寵物。許多富人有名、有財、有地位，集世俗一切美好於一身，卻依然尋求刺激與快樂，這時錢就買不到了……所以我們真正需要的究竟是什麼？這是我在思考的問題，也夠我摸索好一陣子，搞不好不只是財富，留給大家思考。

若想要做到表現真我，又能適切地展現自己，需要具備一定的自信，這代表你不害怕別人知道自己的劣勢。話說回來，何謂劣勢呢？梵谷不是學畫出身，論技法絕對比不上其他大畫家，然而現在全世界卻更多人認識梵谷。我們可以說他們各有不同特色，但沒有絕對的好壞。這是我不喜歡對人品頭論足、打分數的原因，因為這世上的優、缺點大多是相對的，當你認知到這一點便比較能坦然釋懷，對自己與別人更加寬容。

以真誠的品格，優雅回應世界

印象很深刻的是，有次我去一間高級餐廳，看見一個小孩在哭鬧，我坐隔壁桌對著他笑笑，希望舒緩一下他對陌生環境的不安。但孩子的媽媽竟然對他說：「你看、大家都在看你，丟臉死了！」當時我覺得現場像是一件慘案的發生，他只是一個孩子，如果知道這是丟臉，他又怎麼會這樣？這位媽媽在情急之下，將自己的羞辱感強加在自己小孩身上，當下讓我非常震驚。

試著觀察一些成功的人會發現，他們工作上具有狂野的侵略性與爆發力，為人卻十分謙遜、溫和、體貼。這些人先天脾氣不會是溫和的，因為自身的修養與品格，懂得換位思考對方的需要，進而轉換為包容，包容便就產生了同理心，我覺得這是智慧，也是自信的表現。如果有了感受便直接謾罵，這是情緒與動物的反射行為，無論對象是誰，都不是處理自己的最佳方式，而處理好自己，就能處理全世界了。

我看起來很樂觀，精確的說應該是我很悲觀所以樂觀，當然也有受傷或被問接羞辱的經驗。還是主持人的時候，有次某個工作內容是到電視臺訪問韓國知名女團。正當我們在後臺準備，突然有位女性公眾人物帶著小孩利用職務之便，想要靠特權進來和他們拍照，她與我對到眼時，那股輕蔑的眼神我永遠忘不了，那種眼神就是當下零點零幾秒時間內她立分高下的態度。事後想起，真的是又刺又傷的感覺！或許有人覺得小題大作，但我認為每個人眼神中的每一刻都是騙不了人的，那種眼神就是我高你低的態度，我相信很多人知道我在說什麼，沒錯、我就是這樣一點一滴被激勵、鼓勵，讓我成為我要成為的人，所以還是感謝你，若再遇見，我也不會告訴妳、更不會報復，因為妳不知道我們的層次其實不太一樣。

進入藝術領域後，類似狀況仍會出現。這些年，我熱衷於向對我作品有興趣的朋友們，解說創作「行李箱系列」的原因，遇過各式各樣的人，也各式各樣的人都有。有個經驗是一位「自認」知名的策展方，當我興致勃勃地分享「行李箱系列」的故事背景時，換來一句：「這是你的事，跟我沒關係。」當下我還是客氣地回應：「是的，我還有很多需要學習的地方，請再多指教了。」當時整間餐廳裡，我頓時成了世界上最孤獨角落裡的一個人，驕傲與傲慢我已經分不出來了，但我確信自己在相對高處不會如此待人，或許是我智慧不到而讓對方想激勵我，不過我真的沒那麼堅強，只是忘得快，但是永遠忘不了，感謝你，因為你是我見過最成功的人，不是之一，就是你了。

試想，如果一位創作者沒有這些故事與經驗，又怎麼創造出這些作品？作品是表面的，它背後所蘊含的故事，更是創作者想讓人家知道的。如果不懂得聆聽創作者的故事，就得不到更進一步的線索，策畫出來的展覽也只能流於表面。我不曉得他在說這句話的當下有沒有惡意，但我當下真的有點承受不住這份重，我並沒有表現出來，我認為他頂著自家招牌之名，行自以為是之實。所幸我在社會上打滾多時，心理素質還算健康。我笑笑的，告訴自己：「就這樣吧，不要在意。」這人對我已不具備任何影響力，當下的刺與酸，都將內化成日後創作的力量。所以還是很謝謝你了。

或許有人好奇，這些反應是真的嗎？誠如我所說：我的「真我比例」很高，不需刻意隱藏。我對人以及對藝術的渴望都很真誠。如果時光倒轉至二十歲時，我也不會跟對方衝突，因為我接納真實的自己，我的價值不因對方的評價而改變。況且我知道自己還有很多要學習的事、還有更重要的事要做，這一刻讓你欺負，而我還是站得直挺挺的。

曾經有前輩因為一些媒體擴大效應而批評我，我便在社群媒體上回覆：我的觀點跟前輩一樣，後輩要的是機會，被看上比去哪裡展出更加倍

KUOYENFU

興奮，內容有些誇張了，我的確還有許多進步的空間，且我知道因為自己是藝人才能得到這些機會，我會虛心地繼續努力。沒想到喚來該藝術圈前輩留言：希望我不要誤會他的意思。每當我遇到批評時，我往往選擇溫和地表達自己的立場。我想告訴大家的是，人應該專注在自己的專業上造福人群、對世界產生貢獻，而不是躲在螢幕後留言。在網路時代，如此溝通才會贏，相互攻訐顯出自己的度量不大；論斷別人則是自己的層次不高。人很渺小，當三十五歲碰到這些事，等到自己五十五歲、六十五歲時，再回過頭來看，都變得微不足道，真的能留下來的，都是那些良善的、對人有幫助的事。

在表我與真我之間，無非是朝著「真誠、良善、盡其在我」的方向去走。不見得不會出現遺憾，卻能心安理得。

KUOYENFU

PHOTOFAIRS

Dior

一面稱作郭彥甫的濾鏡，看清挫折與讚美的真義——

「如果因為挫折而改變計畫，代表真心沒那麼愛。」

還是藝人時，參加畫廊剪綵大家都非常歡迎，當你要進入本行之後，發現開始會被用顯微鏡視角檢視，有時會因為並非出身本科系而被看輕。不過多年來機制就是如此，我們這樣的歷程原本就非常態，我不強求，更不是為了某種目的才與人互動。我在互動閒談中學習，重視而不強求，靠堅持而非靠加持，才能領著自己達標。

對某些人來說，我的話像是心靈雞湯，很多人好奇我怎能一直這麼樂觀？其實我比較知道自己能幹嘛，在幹嘛，而且所有的冒險都會做好準備。

二〇一五年我發表第一個系列「ZOOm IN」，根本沒機會，也間接聽了不少酸言酸語，我沒有被這些消息困擾，很特別的是當下我分不清對方的語意，這也是我往往能夠釋懷的很大原因吧。而且就像一場馬拉松比賽，在公路賽道上我跑得很辛苦了，怎麼會去聽到旁邊的人聊天呢？就是這樣比較阿甘的心態，讓我只專注於目標，一直往前跑，並且修正著。

而在同時間，我正在思考什麼是作品？什麼是習作？什麼是正式？什

KUOYEN FU

麼是非正式？為何他的習作是作品？為何他的習作是練習？問題、問題，永遠是問題，往往答案就在問題裡，反思後能懂得畫作背後的故事精神很重要。故事需要很長的時間來醞釀，讓概念更完整，路途中就是投入與實驗，努力、誠實地工作，不疾不徐，有一天他就是故事，也是一條我的脈絡。

正向的心念可由自己選擇

到不同場合演講時，常有人問我有沒有宗教信仰？他們感覺我的心念很強大。事實上我還沒有宗教信仰，但我相信有更高層次的智慧，是人類應該持續去追求的，例如感恩。還是藝人的時候，沒有花很多時間就獲得不錯的表演機會，大家人前人後喊我彥甫哥、讓我坐大位、戴高帽，有自己的休息室，真心覺得很幸運。因為這份感恩，讓我擁有超越困境的能量。曾聽過粉絲說，在網路上比較少看到有人批評我，雖然很開心，但老實說，我平常不太看這些網站，因為太多負能量，越看心情會越不好，甚至可能影響工作表現。我寧可把時間花在更有價值的事情上。

如你我所知，許多人工作態度偏負面，懷念過去的榮景、唉聲嘆氣、被動按表操課、等放假、過一天算一天……這樣沒有絕對的對錯，只是我無法忍受此種生活！在演藝圈最後兩、三年，抓到機會便跟身邊人暢談繪畫，當然就是閒談，也沒有人認為這是可行的，甚至沒太多正面迴響。我想，我應該是個不正常的人吧。

KUOYENFU

那幾年我對自己最驚訝的舉動就是主動去找尋算命求解，我想我已經走到一個極度懷疑自己的絕境地步了，然而，走過來之後，發現答案老早就在心裡，這是成長過程的一環。

學會聽真話，讚美也可能是毒藥

讚美真的是一碗迷湯，小時候有上臺領獎的人一定有所感，我在學校體育、美術樣樣來，算是全校都認識的小小風雲人物。長大後我們會希望在努力的領域中得到鼓勵與讚美，而現代社會因為網路社群變得交流快速，噓寒問暖也顯得表面，最常遇到的是「好久不見，你是不是又變瘦了？」等等的話語，真假自辯。

這幾年我聽過不少好聽話，也懂得區隔與分辨，從表情、語氣……例如好多人會說：「你畫得好好。」或是「你好會畫！」兩句話的語意不太一樣，但是，無論如何都算是場面話，那是人與人之間的社交跟禮貌吧。事實上無論我做什麼，都不會迷失，客觀知道自己的程度，就不會被讚美沖昏頭，我想這是一個人能擁有健康心理的基本特質。

我必須感謝過去所有經歷，人心善變，名聲稍縱即逝，不會因為一點美言就輕飄飄地飛上天。少年得志不是好事，有可能是場災難！愛上被讚美、依賴評價，都將患得患失。

KUOYENFU

走吧！以行動印證生命的真諦

「因為學習才會理解。因為相信才會行動，因為行動就會實踐。」

走向每個領域都很不容易，不過我相信任何的轉職更不容易，放下過去、迎接未來，如何一步一步地實踐？自我學習為至大關鍵。我在離開節目前的最後兩年中，對於學習跟接觸的渴望非常旺盛，遇到外景節目拍日出，大約在凌晨四點鐘就要起床追日出，當大家都還在車上呼呼大睡時，我用外套套住頭、搭起我的小劇場，我用手機看網路上的藝術故事與歷史或是藝術家創作，這是自我學習的方法，不會累反而覺得早上的吸收力是最大的。真心喜愛一件事，絕對可以克服萬難。

有件關於勇氣與面對恐懼的事，與大家分享。其實我有懼高症，在一次節目上必須要跳澳門的「笨豬跳」，高度距離地面三百多公尺，往下看保護墊像一塊小小的橡皮擦，從臺灣出發前就已經睡不著了，非常害怕，當天踏上高臺時，真的覺得我是世界上最孤獨的人，只有風是朋友。我睜大眼睛望著天空，五、四、三、二、一，一躍而下，能想像嗎？跳下去的同時我已經不怕了，把心打開來迎接這陌生又充滿快樂的感覺，我覺得自己在飛而不是往下跳，**我體會到所有的恐懼都是想像來的**，事實上自己的能耐非自己能夠想像的，我們光用想像就可以把自己關了起來，世界真的如此大，當然，我們也真的有無限大的可能。

KUOYENFU

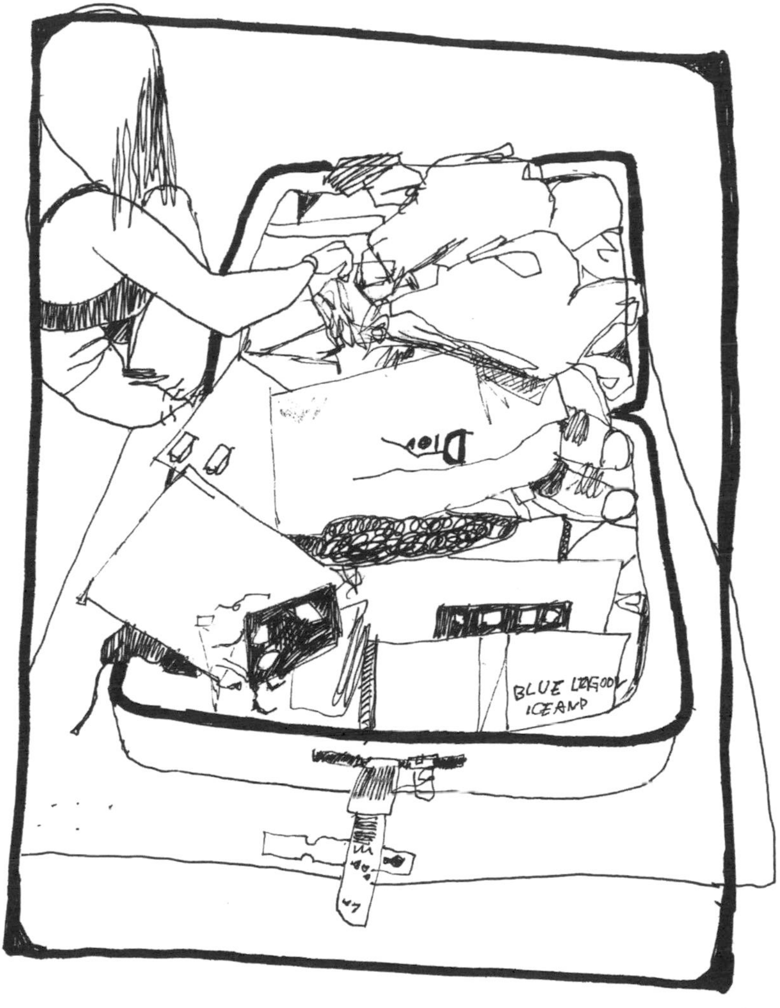
Dior
BLUE LAGOON
ICELAND

關於生活與工作的幾個隨想

「我讓工作在生活裡，生活也在工作裡；我的狀態便是沒在工作，卻也都在工作了。」

關於早晨的靈光

「一杯咖啡。一個開始。一頓早餐，一條顏料。」

忘了從什麼時候開始，也跟著一起喝咖啡了，我不是咖啡品嘗專家，長大後覺得咖啡的淡淡苦香，彷彿生活的投射，咖啡用它的苦來療癒人的內心，這時候好像只有它了解我們，也是我內心最好的朋友。

我很珍惜早晨時光。我睡得不多，但睡眠很沉，幾個小時裡就像冬眠狀態一樣，地震、打雷都與我無關。因為我是晨型的人。一早我會先來一頓豐盛的早餐及一杯咖啡，這一餐就像為陽光的一天來個暖機動作，接著便開始跟我的油畫顏料和在一起，十一點之前都是我心力最旺盛的時候，彷彿有許多靈感蟲在血液中亂竄一般，更是色彩敏感度最高最高的時候。當結束時，正是一般人剛起床或是剛開始工作的時候，所以我一天可以做很多事，從學校畢業開始便是這樣，這跟以前是運動選手有很大的關係。

KUOYENFU

而我是這樣觀察自己、認識自己的。

關於壓力與瓶頸

「不想做，就是最大的壓力了。」

誰都有壓力、誰都有瓶頸，不想做就是最大的壓力。

坦白說，在生活或是工作上，我給自己的壓力很大，我是摩羯座，有時候覺得這樣的星座很給自己很大壓力，也給身邊人壓力。最常被問到如果有壓力的時候怎麼辦？我們先來討論一下壓力是什麼，簡單說是在不得已的情況下，做了不想做的事就會產生壓力。

就像如果很喜歡一個女生，我們會想為她做早餐，時不時付出關心與照顧，而且樂此不疲，因為我們愛她，相反之，如果不愛她時，做什麼都會顯得不情願。這就是我解釋壓力存在的原因，你是不是真的愛？如果答案是否定的，那要想清楚當下做這件事的目的為何？然後別抱怨了，人生就是這麼一回事。

正視自己的問題，否則解決的都不是問題。

KUOYENFU

關於生涯

「生涯是什麼？也是年紀越大才越清晰，我是用畫面規劃未來藍圖的人。」

我非常討厭與人計較很小的事，而且根本動不了大局的小事。現在生活與工作中的一切畫面都是我之前曾想像到的，若問我怎能預知，我不知道，但是跟觀察與判斷有很大的關係。我會去想像三年後的今天，自己會做些什麼、起床後第一件事又是什麼？所有未來的細節都是現在要去努力的範圍，你可以起床後面對著大大的落地窗，有很多畫面可以自己選擇，沒有好壞，但不要埋怨。

似乎很小的時候，我就知道自己該被放在何處，我自認不是上班的料，我也想追求穩定，但不想追求別人給我的穩定。

每一次的轉彎，時間巨輪攤開來看都是階段性的，只要知道為何而戰，就不會痛苦。如果計畫出社會的前十年要賺到人生第一桶金，那麼，當碰到一些不如意時就不會輕易離職，因為你清楚知道工作最主要的目的是賺錢而不是別的；若你的計劃是脫離上班族，十年後有一番大計畫，那就要清楚知道每年要計劃儲蓄多少，然後一點一點實踐，越來越相信自己，便越來越自信。

KUOYENFU

關於工作態度

過往在試鏡的時候，無論角色會不會被錄用，我都表現得積極且令人印象深刻，在茫茫人海中，我想讓人記住自己，爭取下次的機會。這是一種積極的態度。有個很重要的觀點是：**職場上的最高價值在於解決問題**，那將確立一個人能否在公司團體中扮演不可或缺的角色，相對也決定了薪資多寡。景氣不好是因為好景氣在其他地方，可以想想，怎麼不讓自己的景氣也是在好的那一方？

曾有位記者問過一位媒體大亨：「現在暑假過後年輕人面臨就業，有沒有需要犧牲什麼才能達到成功的目標？」他回答：「工作有什麼算得上是犧牲的？有一份工作、有薪水，總不能期待晚來又要早走！如果一個人不想做一件事，當然會充滿壓力而想逃跑。」既然明知自己要謀生，為何不好好調整心態，讓自己願意去做、全力去做呢？

關於夜晚的眼淚與流言

我是內在感性到稍嫌噁心的人，幸好摩羯座的理性拉住了自己，否則早已失速出事。

在藝術這條路上，不同階段裡我會給自己不同的功課與考驗，我很嚴肅看待每一次大小展覽，有一陣子的展覽很頻繁，某天下午做完採訪，我知道可以休息一陣子了。喝了一點酒，打開網路直播，想看看朋友們，因為我覺得自己不是一個很好的朋友，沒有常常赴約、與大家相聚；我也不是很好的家人，除了工作還是工作，很感謝大家一樣關心愛護我，心中的感謝漫溢……

然後我落淚了，我感謝自己給自己的考驗，一步一步地實現，一路上不時有挫折也都挺過了。因此，我感性地落淚了，不像後來媒體闡述的如此負面，這是喜極而泣。當時看著畫室，從小到大最想擁有的天地，試想如果這輩子不懂繪畫、沒有這個抒發的管道，肯定很痛苦。現在有了空間，還有機會到處參展，韓國、英國、義大利、法國、上海……作品去了那麼多地方，好像也完整了內心，很謝謝自己。我是用哭的方式在笑。

另一件事則關於羅浮宮。事實上，我的心情常常被這件事給影響，對於被誤解，內心有些不悅。這幾年「行李箱系列」被看見了，某位策展人與我接洽，我的心態是：我還是新人，需要機會。當時候對方說要去法國展出，因為認為我的作品很有自己的想法，而且很獨特且沒有出現過，詢問是否有意願一起參加聯展，於是我答應了。當下只知在法國展出，後來才知道是在羅浮宮一旁的展廳，結果我變成了「臺灣之光」。實在很諷刺，它就像世貿這樣的展廳，不可能是在羅浮宮展出的，若是了解藝術史與國際局勢的人一定清楚此事，我願意以自身經驗換取教育社會大眾包含媒體的實際案例。我自認是一個愛畫畫的小子而已，媒體過於放大，後續造成的誤會也只能自己承受了。

KUOYENFU

這是生涯中的一個小點，我的個性是不會在意很久，然後它就會過去了……高低起伏，只能往前，這是自己的生涯。

我的創作方式是讓靈魂與思想恣意延伸——

「藝術家的苦，苦在多愁善感。我把情緒發洩在繪畫上。」

有人好奇我平常的創作狀態如何？我但願像孩子一樣用純真的心繪畫；創作的時候很放鬆，創作之於我，像放假一樣快樂。

我隨時隨地都可以繪畫，聊天時也行，就像藝術家給自己的「練手」習作，更是一種自然的生活反應。當我還是藝人時，也會在後臺幫其他明星速寫，練習如何在短促時間內抓住一個人的神韻，除了畫得像，還要用自己的觀點畫出對方的氣質，這就是創作。創作與繪畫不太相同，但繪畫可以是創作。

不時聽見有人問：這幅畫好像沒有畫完？而一幅畫究竟何時才能畫完？在印象派之後，一幅畫是否畫完，完全是藝術家本身的定見了。但有時候也並非畫家自己能決定的，也許四十分鐘、也許兩、三個禮拜，直到畫作能達到一種平衡，包含線條、色彩、整體布局都剛剛好時才停手。一幅畫能不能圓滿呈現，不是我來決定的，是由畫自己決定的。因為畫作是有機體，藝術家想要的顏色與筆觸，跟實際下筆畫出來的並不相同，而我總是和我的畫一起通力合作。

「郭彥甫」風格背後的故事

我不太定義自己的風格，傾向於交由觀看者來定義。我的畫就是我的風格，透過對於事物的體驗與接觸、經過咀嚼、再表現出來就是我的風格。你在日常生活中是否用心觀察身邊大小事？觀察之後有沒有進入腦與心？當它從心裡重組再傳達出去時，是否包含了自己的觀點與思想？若上述皆有，那麼你也是一位自己生活裡的創作者。

我從小就很崇拜的前輩藝術家劉其偉（劉老）曾說，一位藝術家要有愛心、同情心、憐憫之心，若擁有這樣的特質，他的創作就會富有感情、具有風格。相對的，即使不是藝術家，一般人若擁有這樣的心腸，待人處事就能懷抱同理心，進而造就出品格。所以藝術家難以憑空創造風格，風格無法創造，而是從心發出的。若刻意追求則叫做模仿，只是為了改變而改變，沒有核心精神。這也是藝術品之所以能擁有高價的原因，畢竟其背後蘊含著太多別人所看不到的人事物。

以「行李箱系列」為例，不如說它是「眾生相」的呈現，創作此系列的起心動念來自於《食尚玩家》節目。當時常常進出機場，看到許多來來去去的人，有些想法就在腦中轉啊轉的：眼前這些人真的是好朋友嗎？有人說友誼最好的驗證就是一起出國。我會在機場觀察：一個團體中哪位是意見最多的人？站在西裝筆挺男士旁的那位小姐是祕書嗎？或有其他關係？……心態有點像狗仔記者。觀察之後會覺得，現代人對於外表皆有過

KUOYENFU

多包裝，對於別人的眼光是沒有自信的，打開行李箱後，才是最直白的你。我畫行李箱不是在畫裡面的物品而是在畫「你」，所有「你」的祕密都藏在了行李箱裡！

作品的意義留待觀眾挖掘與詮釋

畢卡索曾說過：「一幅畫掛上牆後，它就死了。」意思是作品掛上牆就結束了創作的過程，開始走入時間的軌跡。我不愛給作品取名字，取名的當下，作品的生命與想像已經結束、線索也就侷限了，觀看者完全無法投射自己的生命經驗到作品中，反而花時間在揣摩藝術家創作這幅畫的意義，甚至憑標價判斷作品的好壞，失去自己的觀點。我不奢求觀看者的感受和我一樣，我持開放態度，讓大家的想像自由加入，喜歡就喜歡、不喜歡就不喜歡，無法強迫。

許多人會拿藝術家過去與現在的作品來評價是非，我則認為人一生都是持續成長的過程，無法比較。對我來說，當年創造的作品，就是那一年最好的，四十歲創作出四十歲的模樣、八十歲就創作出八十歲的樣子，無法跨越或回到過去，該是什麼樣子就如實的呈現，問心無愧就是最好。強大的心臟也是藝術家堅持路上的其中一個基本配備。

KUOYENFU

我心目中的展覽

這是一個邏輯概念的疏通。

我常逛展覽，而我看展時最著重的不是作品，因為展出的作品絕對沒有疑問，我看的是整個展場從開始到結束的鋪陳，是故事型的、或是遍地開花型的，我對展覽也是同樣概念，就像一本書會有目錄、有章節、起承轉合……希望從場地確認後就開始規劃，這時候是以設計的觀點來思考，這樣的布局觀念是對於展覽最基本的尊重。

有人說藝術家不要想太多，專心繪畫就好。我在創作的時候都是專心的，**我不把觀察與思考當作「想太多」**，**我是很直白、善待作品的人**，**我認為那才是負責任的態度**。很多時候不是找理由來創作，而是有理由的創作，決定的那一刻就像扣下扳機，一定要說服自己才下得了筆，我的「想太多」是因為這是我的寶，所以異常謹慎。

一位藝術家的背景大大影響了他的創作脈絡，而我有一部分來自於運動員時期的訓練與紀律。二〇一六年我辦了以運動員系列為主的展覽「前・競」，當作是藝術之路的自我介紹開場白，運動過程讓我獲益良多，運動員訓練十分刻苦、艱辛，充滿了傷痛、疲勞、責備……我希望透過我的感受力讓大家體會到運動員的心靈，跟一個不會輸的人比賽才是最可怕的。

KUOYENFU

在我的作品世界裡，希望觀看的人可以跟我一起創作，好像看到作者還仍在現場作畫一樣，這也是我思索出「讓風景停下來，讓靜物動起來」的概念由來。

KUOYENFU

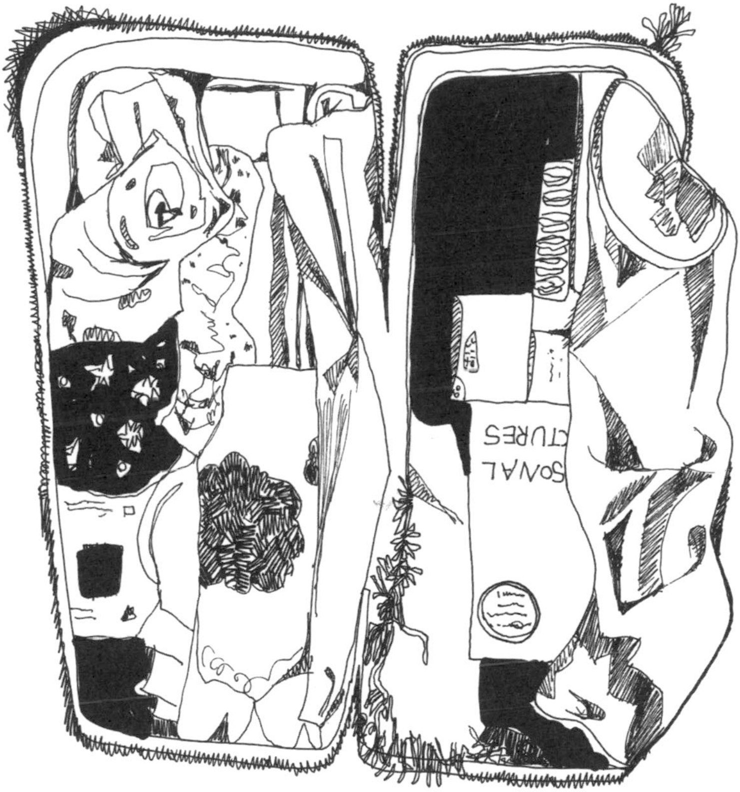
SONAL
CTURES

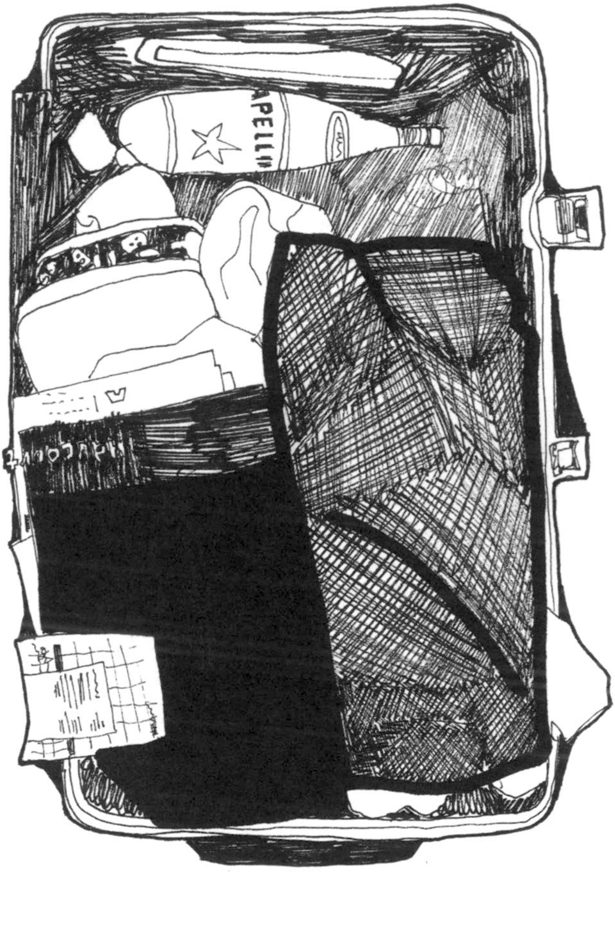

KUOYENFU

做一個決定！打破僵化的人生

「藝術家的苦，苦在多愁善感。我把情緒發洩在繪畫上。」

很多人覺得我好有勇氣，做了一個大家不敢做的決定，其關鍵是你有多渴望。不曉得大家有沒有溺水的經驗，你有多想活？那種為了探出水面吸口氣一般的渴望，如果到了這樣的程度，下決定時就不會有那麼多顧慮了。

以敏銳本質，採集郭彥甫的創作大數據

我自認是極為敏感的人，很多創作線索都密布在生活小細節中，例如看到坐在書店一隅的女士，獨自看了兩小時的書，便很好奇她處在怎樣的狀態？猜想有幾種可能：可能是求知欲很強；也可能生活無虞，每天清閒地來閱讀；也有可能在等另一半……我常常扮演生活狗仔，常常被人以為我在發呆，事實上我已經飄到自己的邏輯思考裡了，藉由一邊觀察，一邊找答案，無形中增加了許多對創作很有幫助的線索。這不是一般的學習，比較像是當自己的老師，在上一堂自己的課一樣新鮮。

姑且說這是郭彥甫大數據吧！幾年前看到路邊施工開始擺放指引交通

KUOYENFU

的雨衣假人時，便嗅到日後鐵定很多人準備失業了，被機器人取代，事實證明果然如此，這並非了不起的預測，而是處在需要隨時提高警覺的環境當中所觀察到的現象與解析。我的敏銳和感覺，與感性也有極大關聯，這類的人往往很適合從事藝術表演性質的工作。

我的初戀在國中，畢業時因各自升上不同高中而分手。整整三年過著行屍走肉、魂不守舍的生活，甚至看到對方高中的制服都會深深被刺傷，同學們都覺得我是神經病，怎麼會為了感情被自己傷到走不出來，長大之後想起這一段便聯想到梵谷在感情上也有相同遭遇，經常因為世俗的情感而受傷、不滿，不懂得處理感情、太過多愁善感好像都是藝術工作者的通病。藝術家的苦在心裡，不會因為富有就不苦，那種苦是在心裡自然生長的，不懂得如何與人相處，以至於被誤會為冷漠。但優點是能透過細膩的感情，抓住強烈的感受來創作，藉由藝術反映出更直接、赤裸裸的人之本性。

我鮮少繪畫大山大水。有心理學家曾經做過研究，一位畫家或是藝術家擅長風景畫、人物畫往往來自其基因，也就是說這是天生的。因為我愛聚焦於人性面，每個國家的城市、咖啡廳、街道等等日常生活場域，是我挖掘故事的地方，看著不同人在發呆、等待、點菜、喝水、買單，藉由手機減少自己的寂寞感……觀察這些行為十分有趣，讓我從平凡事物的流動中，尋找到更多創作的脈絡。

在演藝工作之前，我也從事過很多工作，大多是打工性質，曾經在橋下魚市場搬漁貨、在加油站打工、當過快遞員，送過飲料、便當、咖啡……因此現在看著一些頂著烈日、打著赤膊辛苦工作的勞工朋友們，總會引發深刻的感受。記得在搬到新工作室那天，我的物件非常多，眼看搬家公司只派了兩個人，心想我的天啊、會不會今天只接我一個單？我以為後面會有其他人支援，沒想到他們回答只有他們兩位而已。當下心裡很內疚，一直想幫忙，他們卻有禮貌地婉拒，從他們的眼神眉宇之間可以發現他們對於工作有著感恩的心，發自內心就能看得出來的。我心裡默默嘀咕了一會，或許是以前做錯事而現在特別珍惜工作的機會，我開始去想我們的社會是不是真的可以接納曾經犯過錯的人，而給予對方一個機會，即便過去在生活圈與家庭的關係中一時有錯，但是改過後也能跟我們一樣，甚至工作上的表現比我們更加積極。

我總是這樣觀察著的，反饋的是自己更加知足、快樂，這些都是創作靈感源源不絕的寶藏，越挖越靠近自己，然後看見真善美！

落實靈感，穿越創意與創作的疆界

我是標準的晨型人。清晨是我最興奮的時刻，也是我認為最完美的創作時光。從早餐之後到十一點前，我全心神地「接收能量」，我像是剛出生的嬰兒一般，覺得萬物都是新鮮的，都像是剛剛接觸一般的好奇，甚至拿筆作畫時也是一樣，而且增添了一種幸福感。所以，每當在外地住飯店，

KUOYENFU

一定會到餐廳用早餐，這時候就像走進劇院觀賞一部戲，看著來自各地入住的旅客們，有些是旅行、有些是公務、有些是愛情……我總能從中獲得樂趣。

相反地，我不是夜行者，我的腦子從早晨到夜晚，中間經過大大小小的事情沖刷，心理、生理都已疲乏，這時候已不在創作狀態中了，對我而言，比較像是工作模式，不像創作。創作不只是用靈感產出點子，也要化作行動的，過程需要耗費精神與體力，值得我用最佳的身心靈狀態投入！我相信這是許多成功企業家選擇早睡早起的原因，在生理機能最好的時候，充滿許多創作者亟需的動力，我們所要做的是喚醒這股興奮的力量！

所有人都擁有靈感與創意，關鍵在於有沒有去開啟。某一次，有位已經五十多歲年紀的朋友迎面走來，他說自己小時候也好愛畫畫，很想要重拾以前快樂的時光，以前一條線可以自信地畫得筆直，甚至得過很多獎項，但是現在怎麼畫都沒有自信。我對他說，你沒有退步，甚至是進步了，社會歷練已經讓你進步了，現在你要找回的是小時候的環境，可以試著聆聽童年的歌，繪畫中的你自然會重回當年。我知道這一點的珍貴，所以我一直是讓自己的生活與工作室放在一起，因為一切都是在生活裡發生的，一日生活進步了，作品也會跟著進步。

現在的我沉浸在最愛的藝術創作裡，是天命讓我決定，每個人也都有天命，無論從事什麼行業，只要發揮上天給予的天賦，自然而然會擁有熱

KUOYENFU

情，以及想方設法取得靈感與執行力上的積極面。慢慢來才會快，再緩一下下，再等一下，很像過馬路一樣，沒車了再過，而且可以走得從容不迫。抱怨再少一點，披荊斬棘，為自己開出不一樣的路；如果不能，就用責任的肩膀，佐以感恩的心，度過當下。無論去到哪裡，都是自己的決定。遠離受害者心態，保護自己，才能有效離開原地踏步的窘境。

2017.4.23

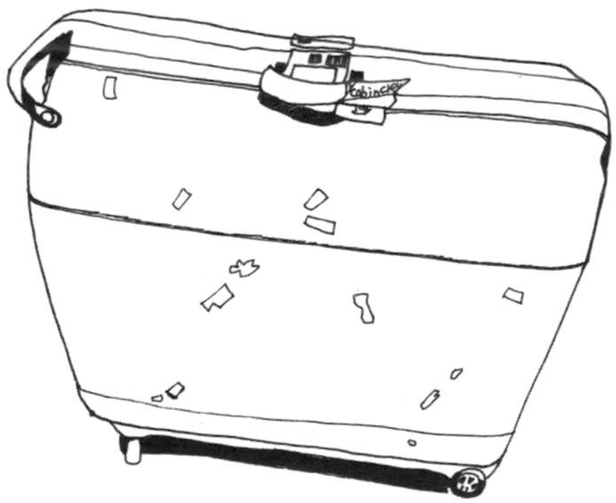

KUOYENFU

打開對知識的胃納，餵養藝術也為藝術而活——

「哲學式思考是很好的訓練，從中能發現這個世界真的太有趣了！」

愛因斯坦說：「速度越快，時間越慢。」這句話深深印在我的腦子許久，更覺得這句話深具意義，用另一個角度反思跑得越快時間越短的概念，這樣的思考模式擴散到其他的思想範圍裡，所以他能解釋出大家看不到的世界。對於啟發我的想像力，這是很重要的關鍵。

小時候老師會叫我們看一本書，然後提供想法，那時候真不曉得什麼是「想法」？想法兩個字困惑我很久很久，長大後知道想法需要有經驗與常識互相比較後才能激盪而出，就像地殼碰撞、擠壓後產生的地震，所以孩子的時候沒有想法，實屬正常，長大後便釋懷了很多。

人類開始了工業革命也發明電之後，世界加速運轉。電燈將白天拉長、汽車將時間拉近，工作的效率大大提升。到了近二十年資訊網路發達，世界變平了、各種資訊唾手可得，人類可以掌握的越來越多，每個人皆以無所不知的姿態遊走著，副作用便是出現資訊焦慮的狀況，然而，我們真的不需要知道太多太多，這是可以避免的，一切都是人的發明，發明來控制人。

KUOYEN FU

生活重心投入藝術之後，我像是一塊海綿，隨時隨地打開感官與思維，吸收、融合、重組自己所感受的一切。我想找到為什麼我愛繪畫的解答。於是我曾用連續一年的時間修習藝術史課程、每週一早上九點到十二點，聽教授在講臺上以學者觀點，帶我們了解藝術史的脈絡而共同討論。令我驚訝的是，上這堂課的我跟以前在學校好不一樣，每當老師丟出問題，不僅常常舉手回答，還帶著大家衝撞習以為常的事實。每堂課我寫下許多筆記，把幾頁覺得重要的內容，撕下來貼在畫室，密密麻麻的內容，一看就能再次被提醒起課堂中講授過的重點。

教授在臺上細數藝術史的過程，讓我看出一件事成敗的箇中原因，激發我進行更多哲學式思考：人類為何需要藝術？如果藝術不像食物一樣，沒有它並不會影響生命存活，那麼為何藝術還會存在？我總是沉溺在這樣的思索當中，也從大量畫冊中，觀察藝術家的創作脈絡，進而累積自我，我知道每一種學習與思索，終將成為創作時重要而不可或缺的養分。

所有的藝術家都是我創作上的明鏡。有一段時間裡，我每天六點半起床，在太太還沒醒時，開車到書店讀書、讀畫冊、讀藝術家的生平轉折、試著去理解他們價值觀轉變的關鍵：為了什麼而變？因為生活，抑或順應流行？或是高雅、緩慢的由心而發的進程？透過這些觀察讓我發現，一位藝術家若是為了改變而變、沒有中心思想，這樣的創作是很可惜的。有時我一邊翻讀，一邊會回溯自己國小、高中、大學至今一路走來的過程，想著：「那麼我自己呢？」同時也透過對藝術史與藝術家經歷的認識，一步

KUOYEN FU

一步讓思緒更加清晰、具體了起來。

我深愛的藝術家席勒，對我近幾年的重大決定，產生至關重要的明燈，也是臨門一腳將我踢進球門的關鍵。他的作品沒有一滴眼淚沒有一瓶點滴，但是卻看到他的傷心、痛苦與病痛，雖然我們相距一百多年，但我好像化身為他，感受到了他的內心。或許，這就是藝術的可貴。

跨越舒適圈的知識與意識

當在上藝術史課程時，一切成為主動式學習，著重在自己有興趣的素材，我稱之為「在舒適圈裡學習」，換句話說，因為學習新知識而樂此不疲。我從沒在教室那麼認真過，這樣的學習對藝術家來說很重要，我沒有抗拒，也不會停止。

我對新鮮事物的汲取是停不下來的，唯有**理解更多**、**擁有知識加持的客觀視角**，才**更知道自己在做什麼**。這種知識的學習並非在技巧方面。藝術家學技巧就像一般人學走路一樣，是在開端時所學的，往後相對變成了工具，理解「你要去哪裡」永遠比走路更加重要。進入創作過程時，必須將專注轉換至思考的範疇，作品方能有深度，這也是我熱愛接觸哲學與科學的原因，其中廣闊無垠的世界，讓我擁有更豐富的能量。我不是專家，也不往專家的路上去，但我抱持著追崇，以及尊敬他們的智慧，而感到幸福。

我常常透過各式各樣的知識，感受到真理就在面前、答案就在面前，端看我們願不願意正視罷了。其中辯證式的思考對於認識真理也很有幫助，李嗣涔教授說過一段話很發人省思：「如果科學家不用科學的方式證明無神論，這類的科學才是反科學的。」這種溫室中的單向思索，也是處在舒適圈中難以跨越的思考模式。

有了知識更不能缺少行動

很多時候，自己經常被問：「接下來有什麼計劃？」我總是告訴對方：「這好像是在問一個已經相當成功的人問題，很多事我真的計畫不來，但我有因應的方式與緩衝，我還在藝術圈裡持續努力著，如果非要問，答案是我還一直在我的計劃裡，如果我有一件想做的事卻還沒進行，代表我沒有那麼想做。」

知識、思考、行動，三者必須並行，行動也必須實實在在去做，知識與思考是讓行動更加便利與有效，不能三天打魚兩天晒網。藝術家唯有在知識、思考、行動合一的情況下，才好落實創作，並非只是空想，更不好埋頭苦幹一直做。一個再好的導演也必須有了劇本才會號召大隊人馬出外拍攝，不會浩浩蕩蕩地出門後才開始想劇本，再大的想法，唯有被實踐了才是真的。我經常拿我的生活、工作經驗與讀過的故事做連結與推想，這樣對於理解有更快的效果。

上述思考，許多來自於演藝圈的磨練、培養。那時候的我不像上班族被動領薪水，而是做自己的老闆、薪水由自己決定，越能全權掌握自己的工作，越有優勢。我的個性也是如此，練就了凡事嚴謹規劃、想好就趕快做的習慣。很多人以為做藝人、藝術家都是一群浪漫的人。其實浪漫只是形容詞，**卓越的藝人與藝術家就算浪漫**，**也是具有強大執行力的浪漫**。

每個人都有優勢，卻不能靠勢！

普普藝術大師——安迪沃荷（Andy Warhol）曾說：「在未來，每個人都有成名的十五分鐘的機會！」（In the future everyone will be famous for fifteen minutes.）他說的未來，在我們的時代已然來臨。網紅比藝人紅，藝人不見得能再因自己的身分而得到工作機會，除非夠特別、夠頂尖，因為每個人有同樣的舞臺與機會，可以獲得矚目，每個人都可透過一些點子，創造爆紅的機會，只是看你想不想做、敢不敢做。各行各業的工作者也都在這樣充滿競爭的全球化環境下生存，唯有持續學習，比昨天的自己更好，才能維持優勢。

回想出社會以來，無論是打工仔、當藝人或是藝術家，我都很幸運，但自己的幸運有所本，不只因為過往的明星身分，而是我覺得我的心很真誠、目標很純粹，對自己說到做到。我不跟隨流行，做不擅長的事，因為我會心虛，更不懂得偽裝。我只想要妥妥當當、安安分分地沉浸在擅長的創作裡，並且成長。

KUOYENFU

現在我明白了，為何藝術非人類必需品，卻還是能源遠流長？正是因為有一群藝術家，不創作就活不好，因此藝術將永遠陪伴著人類，直到永遠！

KUOYENFU

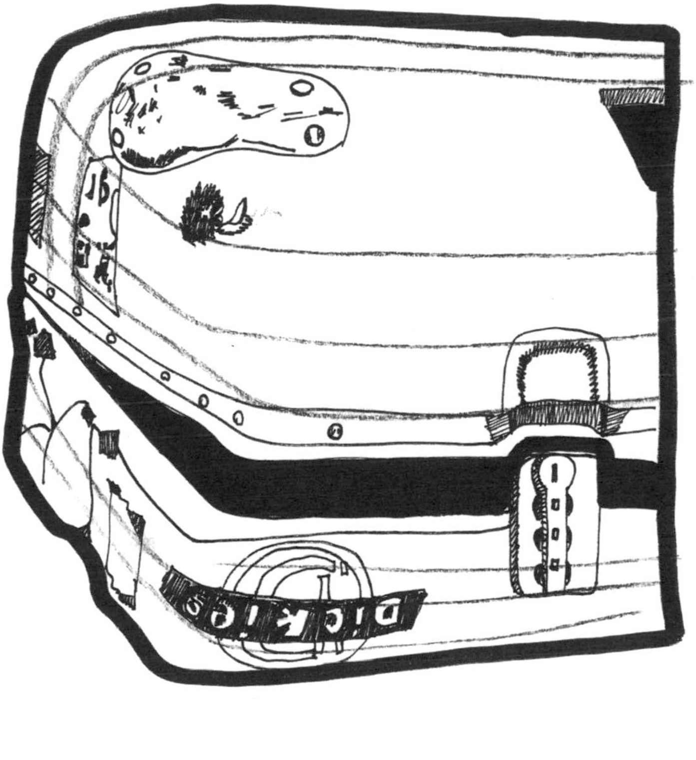

KUOYENFU

關於束縛與恐懼的幾個詰問

「藝術最好玩的地方就在於明明沒有答案，但是它卻是答案。」

關於職涯的相提並論

一路走來，職涯經歷了幾次髮夾彎，難免有人問：「比較喜歡哪一種工作？」其實無論演藝事業或藝術，我都在做自己喜歡的事，我喜歡的是就是「郭彥甫」這件事，不會覺得勉強與束縛。接受每一段經歷很重要，不要去否定它，過去的跌跌撞撞雖然想起來很糗，但沒有開始，怎會有現在？

也會有人對我說：「真好，總是可以做自己喜歡的事。」這時我會回答：「我不只是在做事，我在過我的人生，而我的人生就是一場這樣的事。」我把我的人生當作一場事業在經營，這事業包含家庭、工作、朋友等等都囊括其中，所以我沒有上班也沒有下班，也不覺得累，一切都在分分秒秒之中，我認為這是我有勇氣的最大原因，然後自然就會成為一個努力的人了。

試著少一點抱怨！這世界還有更多人為了一口飯、一杯水奮力活著而不是努力活著，我們付出的並沒有自己想像的那麼多。我時常舉一個有趣例子：若你希望未來的妻子可以像劉嘉玲一樣美麗而落落大方，你就要設法變成梁朝偉，於是你就不會吃宵夜了、你也會開始運動養生……不斷提升自己的狀態，直到遇見劉嘉玲的那一天。一切取決於自己，問題都在自己，不在別人。

關於教育和際遇

回想起來，我真的很不愛在學校念書，但是老師教的課本裡，絕對有能夠學習的地方，也能夠讓我們出社會後，少走一些冤枉路，而教育最大的目的應該是造就我們的修養與涵養。這幾年到處演講，曾經有人對我說：「彥甫怎麼不去從事教育工作？」可能我說話很「勵志」吧！希望能盡力幫助正在迷惘、徘徊、與正在做決定的人。期望在更久遠的將來，自己曾經說過的一些對人有益處的話，都能被記住，也許比畫作更珍貴！畢竟不是所有人都能像我這樣擁有那麼多機會，你需要的勇氣，學校教不了，必須自己去體驗與實踐，一次一次的獲得信心，然後用心投入其中。

還記得我在進入演藝圈前，是在牛肉麵店打工時，遇到了經紀人，他在我們身上投入非常多時間、心思與金錢，用心栽培我們、幫助我們進入演藝圈的世界，是我們很重要的貴人。到了藝術圈之後，認識很多企業家、大老闆……收藏了我的作品，一切都讓我非常感恩。人生真的很有趣，以前認識這些大老闆是因為出席他們公司的尾牙宴會，如今竟變成賞識我作

KUO YEN FU

品的藏家群！

源源不絕的機會與恩惠，還是要審慎做各種決定，無法照單全收，合適的計畫也要有合適的時機，但是，無論合作與否，我都認真、用心地評估與對待彼此，珍惜所有機會，不要白白浪費他人的美意。

關於強悍意志的體現

年輕人在眾聲喧嘩的社會裡，必須專注把自己處理好，不是要改變別人對你的看法與評價，最重要的是清楚知道自己是誰！無論做什麼事、說什麼話，一定會有贊同反對、喜歡不喜歡兩方面的意見。想通了這一點，就不用害怕說出真實的想法，也不用試圖討好所有人。時間往往是你最好的朋友。

一路上一定會有人給予逆境，無論言語或是實質行動，但對方並沒有跟著我們一起成長，自然不懂我們所做的一切，就像有些人看著我的畫說：「這種畫我也會畫！」關鍵是他沒畫，沒有經歷我們的過程，所以無須跟他計較，再者、彼此不認識，如何不受擾亂是要自我訓練的功課。糾結越多、越在乎，越容易產生不好的效應。

心中有仇恨的人無法成為藝術家，要走穩自己的路，而且要預先知道容易被什麼影響，碰到了就跳開、知道有火就不要去碰。為了好好活著、

KUOYENFU

做有意義的事，心態必須要更強大。

我之所以擁有這樣的能力，過往運動員的訓練很關鍵，教會我如何專注、如何克服怯場、教我成為一個能夠處理自己情緒的人。所以，運動員絕對不是頭腦簡單、四肢發達的人，我們的身體是用頭腦來控制的！運動員的意志力非常驚人！因為我們不能只是達到一次巔峰，還必須維持巔峰！但我並不因此害怕失去，運動員的訓練更是「放下的訓練」，我的心理素質教導我：每次盡力去做、專注於當下的最佳成績，就是我們能力所及的「止於至善」。

關於現實與擔憂

我從不會說出口的幾個字是：如果、但是、若是……這類疑問句，說出口的同時，已經阻礙了去路，就像一個水管正開著水，但出水口卻被牢牢封死一樣。

「彥甫，現在靠賣畫生活，不會怕嗎？」當我決定成為一位藝術家時，之前的累積都讓我有所準備，並非一路直直衝不顧及將來後果。一直以來，我的信念是：去做就會獲得，光只是想，嚇都嚇死了！所以我很少感到害怕，我把能量花費在真實行動上；越多行動與計畫，自然會創造越多資源；有了更多資源也就不那麼害怕了。

KUOYENFU

很多人喜歡看雜誌上的成功故事，但一個沒有行動力的人只會一邊看一邊自怨自艾：沒人脈、沒錢、沒機會……閱讀不僅無法帶給他幫助，更像綁上鉛塊，加速沉淪。就像真正缺錢的人跟坐著想賺錢的人不太一樣。有一年的過年新聞報導了一家四口在超商吃泡麵充當年夜飯，試想如果來到這樣的處境，選擇是一種奢侈，起身做都來不及了！唯有面對問題，才能幫助自己掙開現實的枷鎖。

關於變老與死亡

「你會害怕死亡嗎？」以前我會想過這個問題，人終將一死，我們大部分人應該是怕痛。未知大於真的死亡吧。後來我有個謬想，我在三十五歲這一年產生這樣的想法與轉變，推想那到了下一個階段是不是也會有所轉變，到時候我們看待死亡的觀點會是什麼？若以三十五歲那年的變化方式，我想有可能不會害怕吧，死亡是生命自然的狀態，這自然的界線就像這邊與那邊隨時都是那麼地靠近，認識生命的真諦，來換取最後的釋懷，應該是最好的逃避方法了，就怕臨終前得經歷冗長的身體折磨。

人真的很渺小，卻總是想要掌握全世界。諷刺的是，世界的視角是我們自身決定的，控制好自己也等於擁有了世界，有人希望透過算命掌握人生，但到了年長階段，算命這件事應該跟我們無關了，也不會再去思考夢想。很多時候，我也會不安、也會害怕的，卻也因為害怕與不安，所以要隨時準備好自己。

曾經跟太太說，等到我生命的最後時刻，請妳給我一支筆、一張紙，即使我已經沒有力量，妳也讓我在紙上畫一畫，看看我的下一輩子會不會接力繼續下去，或許下一次的生命中，似曾相識的畫面就是我熟悉的畫室模樣與氣味，這樣當下我就圓滿了。告別式那天，我的音樂也想好了，是麥可傑克森的〈Man in the Mirror〉，選擇這首歌跟我畫行李箱的概念也有所相連結。屆時希望所有收藏我作品的朋友帶著作品到來，哪怕只是一張隨手的速寫，都是我與他們生命交會的軌跡。我想得很多，也很無趣，不過這就是我的精采。

給自己自信，同時更要尊重他人——

「要得到尊重必定先尊重自己，我不是大師，只是個愛畫畫的小子，不論年紀多大都是一樣的。」

這幾年我有一個關於自己的發現。從前若遇到演講場合，總是非常忐忑，受邀主題往往是對於各地美食與旅遊的分享，而臺下聽講者期待的是效果而非真的想要收獲到內容，所以我特別害怕在人們面前說出心裡話，必須包裝過才敢說出口，非常沒有自信，我在演繹一個郭彥甫。而現在，我的每一次講演過程中，卻能感覺到大家期望聽到更多體驗與實例，我本身更不需要化妝也不需要摻雜笑話在其中，這樣的感覺好像就是大家所說的從容不迫。

自信是什麼？自信與驕傲不太一樣，自信乃透過努力與投入而成長，一次一次驗證，關鍵是驗證自己的每一次決定都不是相差太遠，甚至達成目標等等，我認為自信因此而來，因為已經走到可以自己控制大局的階段，所以會發現有些人氣色特別亮眼、特別從容，這不是去整形或是用了極好的化妝品，而是發自內心，相由心生。

在演藝圈的生活中有不少案例，沒沒無聞與小有名氣時完全不同的大

KUOYENFU

有人在，我始終相信花無百日紅，某部分的成敗是觀眾給予的，觀眾會成長，千萬別太把自己當一回事，有時候站在一旁看的感受特別清晰。當然也有些人好的時候不僅不驕傲也拉人一把，很佩服仍正在線上的前輩藝人，心中的雅量與高情商一定有值得我們學習之處。

從藝術中看見尊重

欣賞過藝術作品的人，腦中一定常有幾個問題在打轉：「什麼是好？什麼是壞？什麼是美？什麼是劣？」我不是學校體制內的典範，小時候父母覺得念書才是唯一的路，但是填鴨式教育卻只為我帶來更大的疑問與困惑，我需要能足以信服的理解而不是硬背答案。我對藝術的認知更是如此。沒有所謂懂不懂藝術，每個人見解不同、著墨的細節不同，自然造就出不同感受。我不是內行，但我試著站在外行看內行。

體會比假懂更真切，如果能對事物多一分體會，生命方能更加富有、更有價值，因為能夠好好活著的關鍵來自人與人之間的心意。

大約二十年前剛出社會懵懵懂懂摸索之時，心裡有個從事創意工作的害羞的小火苗，做了一些自認與設計相關的工作當作累積，經典實例是我曾經面試過一個手創館的設計師，製作少女印章，前前後後畫了近兩百張插畫，那也是第一次學習使用針筆畫畫；另外，我售出的第一套作品是在網路拍賣平臺上，非科班出身的藝術經歷，一路上難免碰到看不起自己的

KUOYENFU

人，但我是這麼一塊一塊拼出自己的一條路。

現代人的資訊太多、步調太快，許多人躲在網路帳號後面，在不慎重考慮他人處境的情況下，越來越容易將情緒直接發洩出來，責難別人的時候，卻忘了先檢討自己。在所有我想要透過藝術傳達的想法中，很大一部分正是希望減少對立，讓大家更溫暖、溫柔一點。

譬如我在開車時常常感到一個現象，下班時段的臺北車況動彈不得，每每在紅綠燈最後讀秒之際，有人仍會像散步一般慢慢走或低頭滑手機不顧他人或自身安全，沒有人有錯，但我們的城市就是那麼小、車子那麼多，共同居住在此的居民們，若能互相趕一趕、讓一讓，為對方著想，整個社會是不是可以更和諧、圓滿。這是涵養，**涵養來自一分感同身受的同理心**，藝術所追求的真、善、美，往往都能在日常中得到體現，所以，我們說的藝術、藝術，早已存在生活的周遭許久，一旦你的心可以達到寧靜、寬闊，就能隨時與藝術相遇。

主觀與客觀之間，我選擇良善——

「審美不只是能力，更是品格的展現。」

除了畫畫，我也愛看畫。欣賞畫作時，我不批評其他藝術家的作品，反而為了想更了解他而重複觀看其作品，我不在不明白他的成長經歷的情況下批評他，作品與藝術家緊密相連，批評作品等於間接批評藝術家本身，藝術應該是包容的、是接納的，若沒有了解即做出評論，這不符合我的理想。

幾年前曾有到臺東美術館駐村的機會，我準備了一百五十號的畫布，打草稿後讓現場民眾進行上色，我的動機來自於很多成年人常對我說：「自己不會畫畫。」或是「小時候好愛畫畫，長大後就不會了。」這個動作是想讓這些大人重拾小時候的自信。活動維持了二十五天，結束後有網路酸民直言：「這位藝人在美術館駐村卻叫民眾上色，說是擺給人家畫還不是貼膠帶讓民眾上色……」朋友傳來訊息後，我沒有生氣，反而回覆對方：「我們交個朋友好嗎？我想跟你分享為何我在工作而你只能在網路上酸人？」坦白說我的話也很酸，但這是我回應負面消息的一貫態度。

KUOYENFU

建立寬厚與謙卑兼備的觀點

對於很多事物，我們可以有喜歡或不喜歡的主觀意見，但是這與「批評」是完全不同的。習慣用批評的心態去看待事物，將養成一種鄉愿的習慣，押寶式地斷定眼前創作的是與非，不僅無法單純欣賞作品，更會阻止進階學習的機會，因為在那當下，已經把很多念頭擋在論斷與心門之外。

有觀點，可以互相交流，世界並不是非黑即白，而是有大量的灰色地帶在游離著。人類幾千年文明，一代一代發展至今，現在接觸到的事物大部分不是我們原創的，既然都承受著前人的恩惠與知識，沒必要以高高在上的姿態去評價他人。**事實是擁有寬厚與謙卑**，**退一步才更能打開視野**，看得越多越廣，自己所碰觸到的世界，才能更為接近完整！

專注於創造自己的意義

相對於用自己的主觀論斷他人，應該把時間花在更有意義的事情上，打造自己的原創。以前主持綜藝節目時，只要搞笑、對平凡事物佯裝驚奇、喜悅，就可以滿足觀眾。對我來說，一開始也是不容易的，但是學到了狀態與瞭解自己的能耐之後，就顯得得心應手了。我時不時會點醒自己，如果只是順著舒適的節奏繼續做且態度輕忽，就不能怪環境不好，而是自己沒有進步。無論我們身處於哪樣的職場，都要提醒自己跳脫這樣的心態，因為將來世界的轉變，不是我們能想像的。

KUOYENFU

對我來說，不走心的狀態很可怕；失去本質與意義的事物更讓我敏感。小時候不愛念書，看著書本上一大堆陌生地理名詞，我問自己為何要花時間背那些生活中不會接觸到的高山、鐵路、河川？學習的樂趣應該是在於知道學習的用意為何。我寧願選擇自己想學習的，專注與用心投入知識中，才能創造良性循環，建立自我的意義。

自媒體的時代更不能迷失自我

與其說是自媒體，不如說未來已「去中心化」。我自認不是很會經營自媒體的人，什麼是經營？有時候就是順應潮流吧！對於大部分時間專注在創作思考上的我來說，這是不一樣的兩條路，從思考到執行都非常不同的。

這幾年的自媒體趨勢是一種想紅的人必須學習而且精進的一堂課，若我們把自媒體的概念再往上拉一個層級來思考，因為自媒體的發生，可試想人人都是一個自己的商號、自己的政府中心，所以將來概念就是大家都是麥當勞、星巴克的性質，如何讓其他商號與你合作，創造價值與利益，是未來大家會面臨到的問題。坦白說，在賺取點閱率、收集按讚數的時代裡，一切只會越來越難，對我而言，更無法做盡吸睛的能事，因為順勢而行並非我的本色，我時時刻刻在提醒自己切勿偏離自己喜歡、擅長的道路，一旦遠離軌道，回頭更難。

KUO YEN FU

這幾年到各地演講時，開始有許多年輕人喊我「郭老師」，但是我很排斥別人如此稱呼，讓我很難為情。對我來說，叫我老師就好像我已經具備完善的知識，殊不知我離真正的老師還有一大段距離，我始終還在學習。

在我所認識的藝術家裡，有一位真正的大師——莊普老師，我很尊敬他，也很喜歡他渾身所散發出的舒緩步調與氣場。偶然的聚會中，驚訝得知他不僅欣賞過我的作品，還了解我一路走來的歷程。對談中，他不僅是循循善誘的老師，更像一位智者，幫我整理出作品的脈絡、俐落梳理我的方向，給予我莫大的鼓勵。簡短幾句話就深深幫助到我，醍醐灌頂一般，讓我心裡備受鼓舞！

身為這樣一位大師，還願意如此溫柔敦厚地提攜後進，對我來說才足以稱作「傳道、授業、解惑也」的教師，這是必須向他學習之處，也期盼未來能有機會，得以在不同人的心裡留下感動的瞬間。

KUO YEN FU

郭彥甫與你的現在進行式——

「我摩羯座很好強、因為愛面子，所以我努力。」

從二〇一五年至今，深深感謝每位幫助過我的人，特別是一開始願意給我展出機會的揚曦藝文空間、黎畫廊、日帝藝廊、秋刀魚藝術中心、宛儒畫廊等等，都為我的藝術生涯奠定了重要的開端。因此我能在四年之間，陸續實現當年在心中構築的理想畫面，若不是這麼多貴人的協助，絕對不可能達成。

我也要感謝我自己，對於藝術的熱情與執著。從小到大準備了三十餘年，對於藝術夢想的不滿足，促使我一直追求，但我卻是如此快樂、不躁進，我理解任何事都要有方法，既然需要方法，就要有時間去醞釀與等待。

很多人說藝術是一條很漫長的路，**我覺得很長不算多長，他是生命的一部分，一直到閉上眼他都還沒走完**，**「他在永恆裡」**，**所以有生之年別跟時間計較**。我是個很能享受孤獨的人，多數藝術家的性格是孤獨的，跟人相處需要耗費精力，我們希望把大部分時間給予藝術上的創作；多數藝術家也怕麻煩，我們不喜歡跟人解釋太多、更不擅於說場面話，即便是節慶時親朋好友傳送的罐頭訊息也讓我深感困擾，回也不是、不回也不是，這也算是假日症候群吧！

即便如此，我還是深刻感受到眾人給我的愛，包括過去十幾年在演藝事業中累積的人際關係，讓我在午夜夢迴時，悄然省思。即使深愛著卸掉偶像面具的自在生活，但也對於人們的情，由衷感恩。特別感謝太太幫我建立這個家，若不是她，我的身心靈無法安穩下來。

未來，我將持續以現在的步調往前走，持續創作，也希望有機會適時抽離一下現在的狀態，擔心自己把日子過得太理所當然、太安逸，對創作者來說，太過按部就班是另一種危機。我需要適時地跳脫，看看自己也看看世界，再精進思維與創意。

我在創作的世界中不停在思考藝術是什麼？為何我那麼愛畫畫？自我追尋、自我找尋、自我疑問、自我解答……

我用行李箱的概念讓大家看看自己身邊的朋友們，或許很親近、或許很陌生，甚至只是一面之緣。它不是一項品牌展，不會看見太多的名牌出現，我希望用擺設、位置、形狀、大小……這樣的形式讓大家回想每天身邊經過你身邊的人的模樣，這是生活中的細節，貴人、小人都在其中，然後再想想看自己是誰……

這是一個反思的過程，成長總是在不斷檢討當中前進的。

KUOYENFU

我不覺得自己是多麼成功的人，也不見得是人生的好典範，但我不害怕失敗，因為我追求的不是那樣的成功，所以經常失敗是常態。現在大家過得挺辛苦的，很多青年朋友也為自己的將來有所不安，連夢想可能也不敢想。十七年前我剛踏出的社會跟現在已經不同了，我沒有立場建議大家怎麼做，但是心態的調整與適應是可以跟大家分享的，希望本書能帶給大家一點啟發，我們可以在搭乘捷運或是路上相遇的時候，打個招呼：「嗨、彥甫！我因為看了你的書，也去挑戰自己的理想，現在正在進行中！」

因為我是未來的你們，你們是以前的我。

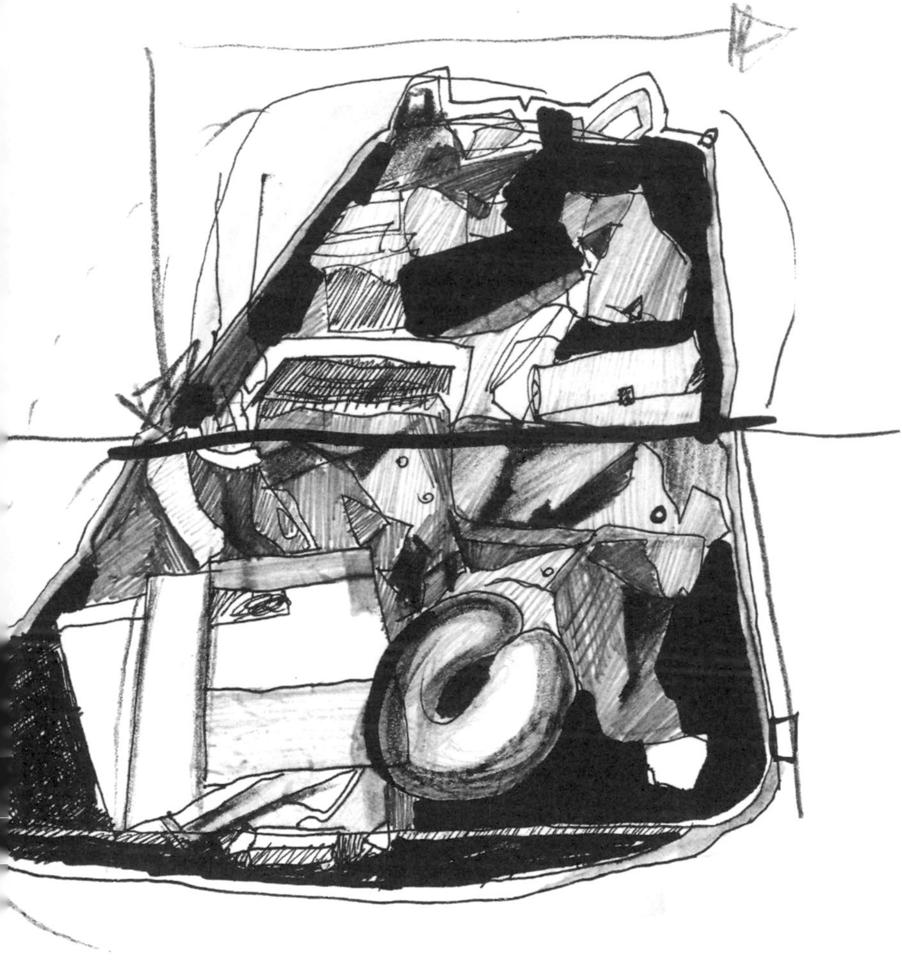

凱特文化 讀者回函

敬愛的讀者您好：

感謝您購買本書，只要填妥此卡寄回凱特文化出版社，我們將會不定期寄予最新出版品介紹與活動資訊。

您所購買的書名：**比昨天的自己更好**

姓　　名＿＿＿＿＿＿＿＿＿＿＿＿＿ 性別　男 □ 女 □

出生日期 ＿＿年＿＿月＿＿日＿＿ 年齡 ＿＿＿＿＿＿

電　　話＿＿＿＿＿＿＿＿＿＿＿＿＿＿＿＿＿＿＿＿

地　　址＿＿＿＿＿＿＿＿＿＿＿＿＿＿＿＿＿＿＿＿

E-mail ＿＿＿＿＿＿＿＿＿＿＿＿＿＿＿＿＿＿＿＿

＿＿ 學歷：1. 高中及高中以下　2.專科與大學　3.研究所以上

＿＿ 職業：1.學生　2.軍警公教　3.商　4.服務業　5.資訊業
6.傳播業　7.自由業　8.其他

＿＿ 您從何處獲知本書：1.書店　2.報紙廣告　3.電視廣告
4.雜誌廣告　5.新聞報導　6.親友介紹
7.公車廣告　8.廣播節目　9.書訊
10.廣告回函　11.其他

＿＿ 您從何處購買本書：1.金石堂　2.誠品　3.博客來　4.其他

＿＿ 閱讀興趣：1.財經企管　2.心理勵志　3.教育學習　4.社會人文
5.自然科學　6.文學　7.音樂藝術　8.傳記
9.養身保健　10.學術評論　11.文化研究　12.小說　13.漫畫

請寫下你對本書的建議：

＿＿＿＿＿＿＿＿＿＿＿＿＿＿＿＿＿＿＿＿＿＿＿＿

＿＿＿＿＿＿＿＿＿＿＿＿＿＿＿＿＿＿＿＿＿＿＿＿

＿＿＿＿＿＿＿＿＿＿＿＿＿＿＿＿＿＿＿＿＿＿＿＿

＿＿＿＿＿＿＿＿＿＿＿＿＿＿＿＿＿＿＿＿＿＿＿＿

＿＿＿＿＿＿＿＿＿＿＿＿＿＿＿＿＿＿＿＿＿＿＿＿

廣	告	回	信
板橋郵局登記証			
板橋廣字第836號			
免	貼	郵	票

to 新北市 23660 土城區明德路二段 149 號 2 樓

凱特文化創意股份有限公司　收

姓名：

地址：

電話：

比昨天的自己更好

YOU CAN 30

作　　者　郭彥甫

發 行 人　陳韋竹
總 編 輯　嚴玉鳳
主　　編　董秉哲
責任編輯　董秉哲
採訪編輯　羅　山
封面設計　萬亞雰
版面構成　萬亞雰
行銷企畫　廖珮妤
製　　版　軒承彩色印刷製版有限公司
印　　刷　通南彩色印刷有限公司
裝　　訂　智盛裝訂股份有限公司
法律顧問　志律法律事務所・吳志勇律師
出　　版　凱特文化創意股份有限公司
地　　址　新北市236土城區明德路二段149號2樓
電　　話　02-2263-3878
傳　　真　02-2236-3845
讀者信箱　katebook2007@gmail.com
部 落 格　blog.pixnet.net/katebook

經　　銷　大和書報圖書股份有限公司
地　　址　新北市248新莊區五工五路2號
電　　話　02-8990-2588
傳　　真　02-2299-1658
初　　版　2019年12月
初版2刷　2020年6月
I S B N　978-986-97345-6-1
定　　價　新台幣320元

國家圖書館出版品預行編目資料｜比昨天的自己更好 ／ 郭彥甫 著.
── 初版. ── 新北市：凱特文化，2019.12 192 面；12.8 × 19 公分.（YOU CAN；30）
ISBN 978-986-97345-6-1（平裝） 1. 自我實現 2. 生活指導 177.2 108019860

比昨天的自己更好

郭彥甫
KUO YEN FU

整理整齊 *Pack* 複合媒材 Mised Media | 80 cm x 60 cm

看一件沒有的作品 *See a Vanishing Work* 複合媒材 Mised Media | 80 cm x 65 cm